Arndt Schnepper

Der Knigge für Christen

Tipps für delikate Situationen

hänssler

Arndt Elmar Schnepper ist Theologe und Journalist.
Er arbeitet als Pressesprecher im kirchlichen Bereich.

Hänssler
Bestell-Nr. 394.426
ISBN 3-7751-4426-9

Umschlaggestaltung: Dietmar Reichert, Dormagen
Satz: Wolfgang de Vries, Hagen;
Vaihinger Satz & Druck, Vaihingen/Enz
Druck und Bindung: Ueberreuter Buchproduktion
Printed in the Czech Republic

ecpa International Member of the Evangelical Christian Publishers Association

Inhalt

Inhalt

Gottesdienst und Glaube

Ein Knigge für Christen?

Der alte Knigge – und seine moderne Botschaft

Wer war Knigge?

Adolph Freiherr von Knigge (1752–1796) war zu seiner Zeit ein Bestsellerautor. Er schrieb Romane, Theaterstücke und auch Predigten, die vom Publikum verschlungen wurden. Oft ließ der Freiherr seine Adelsbezeichnung „von" fort und nannte sich den „freien Herrn Knigge". Das war sein Selbstverständnis. Am bekanntesten wurde sein Buch „Über den Umgang mit Menschen", das 1788 erschien. Es enthält keine Regeln zur richtigen Benutzung des Bestecks, sondern – wie der Titel schon andeutet – viel mehr Ratschläge, wie das Zusammenleben der Menschen besser gelingen kann.

Unsere Gesellschaft stößt an ihre Grenzen

Die Aktualität von Knigge

Mittlerweile ist „Knigge" ein Synonym für höfliches Verhalten schlechthin geworden. Und wen wundert es, dass die so genannte Knigge-Literatur eine Renaissance erlebt? Immer öfter, so scheint es, stoßen wir mit unserer Gesellschaft an Grenzen. Wer Höflichkeit finden möchte, muss oft lange suchen. Anstelle einer freundlichen Begrüßung ernten wir oft nur mürrische Gesichter. Selbst unter Nachbarn ist das freundliche Lächeln eine Seltenheit. Schnell erhalten Gespräche einen unappetitlichen Charakter. Zum Fürchten weit reißt unser Gegenüber beim Gähnen seinen Rachen auf. Und hat er ihn geschlossen, fällt er uns prompt ins Wort, ohne dass wir unseren Satz zu Ende bringen könnten. Im Supermarkt fragen wir, wo denn das Obst sei. „Keine Ahnung", erhalten wir zur Antwort, „ich bin nur für die Dosen zuständig." Verkäufer und Versicherungen beklagen wiederum die zunehmende Raffke-Mentalität ihrer Kunden, die versuchen, auch das letzte Quäntchen herauszuholen.

Und was wir als Erwachsene vorleben, übernehmen unsere Kinder. Ohne Namen und Gruß wird am Telefon gefragt: „Ist Tim zu Hause?" Wer hier nur mit einem schlichten „Ja" antwortet, bringt den Anrufer ganz schön aus der Fassung. Oder das klassische Beispiel aus den öffentlichen Verkehrsmitteln: Schüler weigern sich beharrlich, älteren Fahrgästen ihren Sitzplatz anzubieten. Man habe schließlich lange genug in der Schule geschuftet. Man fragt sich ängstlich, wie sie wohl selbst später einmal mit ihren alt gewordenen Eltern umgehen werden.

Erklärungsversuche

Die Klage über den Verfall der Sitten ist so alt wie die Menschheit selbst. Es scheint aber so, als befänden wir uns wieder an einem besonderen Tiefpunkt. Erschrocken fragen wir uns heute, wie einfachste Regeln des Anstands verloren gehen konnten. Die Deutungen gehen hier auseinander. So stellte die Meinungsforscherin Elisabeth Noelle-Naumann in den siebziger Jahren einen „Wertewandel" unter den Deutschen fest. Bürgerliche Tugenden wie Höflichkeit und gutes Benehmen, die über 250 Jahre gegolten hätten, seien außer Kraft gesetzt worden. Die geistige Ursache glaubte sie in Theodor Adorno und der „Frankfurter Schule" zu entdecken, deren Ziel es war, den angeblich „autoritären Erziehungsstil" im deutschen Elternhaus aufzubrechen.

Was Erwachsene vorleben, übernehmen die Kinder

Der Soziologe Dirk Kaesler meint allerdings, die systematische Zerstörung der Manieren habe schon mit dem Nationalsozialismus begonnen und sich dann in West- und Ostdeutschland konsequent fortgesetzt. Und Stephen Carter, US-amerikanischer Philosoph, findet auch in den technologischen Veränderungen eine Erklärung. Früher sei es nur möglich gewesen in Gruppen zu reisen, erst mit der Kutsche und später mit der Bahn. Heute besitze dagegen fast jeder Haushalt ein Auto. Und im Wagen alleine vor dem Steuer, gewinne der Mensch den trügerischen Eindruck, er könne das Leben selber lenken. Wer keine Mitfahrer mehr sehe, verliere zwangsläufig auch die Menschen um sich herum aus den Augen.

Höflichkeit – eine Haltung

Ist Höflichkeit eine Lüge?

In Goethes Drama Faust spricht ein Schüler recht rüde mit Mephisto. Dieser weist ihn zurecht: „Du weißt wohl nicht, mein Freund, wie grob du bist?" Der Schüler erwidert selbstbewusst: „Im Deutschen lügt man, wenn man höflich ist" (Faust II, 2. Akt).

Nun, die Behauptung, Freundlichkeit sei nur eine Fassade, findet wir selbst bei den intelligentesten Leuten. Schon Arthur Schopenhauer (1788–1860), der Pessimist unter den deutschen Philosophen, räumte zwar ein, dass es klug sei, sich anständig zu benehmen, doch sei die Höflichkeit nur eine Art Mantel, der das Zusammenleben ermögliche. In Wahrheit sei „die gewöhnliche Höflichkeit nur eine grinsende Maske", eben eine „anerkannte Heuchelei". Und so gelten bei uns Manieren und gutes Benehmen häufig als Form ohne Inhalt, die man nicht allzu ernst nehmen muss.

Auch Verbrecher können höflich wirken

Berechtigte Kritik

Jeder wird einräumen, dass Höflichkeit fragwürdig wird, wenn man damit nur oberflächlich anerzogene Regeln befolgt – frei nach der alten Kinderregel: „Bescheidenheit, Bescheidenheit, verlass mich nicht bei Tische, doch gib, dass ich zur rechten Zeit das größte Stück erwische." Es ist Augenwischerei, wenn die Leute lernen, das Fischbesteck richtig in den Händen zu führen, aber Werte wie Treue und Nächstenliebe mit Füßen treten. Was nützen ordentliche Wohnungen und aufgeräumte Schreibtische, wenn Beziehungen das normale Maß an Verlässlichkeit vermissen lassen? Im schlimmsten Fall entartet eine solche Praxis zur Scheinheiligkeit, die Jesus Christus mit den „angestrichenen Gräbern" vergleicht, „die äußerlich schön aussehen", im Inneren aber nur „Totengebeine und alles mögliche Ungeziefer" beherbergen (Matthäus 23,27). Mit Recht hat man darauf hingewiesen, dass auch die Nationalsozialisten Pünktlichkeit und Sorgfalt kannten.

Höflichkeit – ein Lebensstil

Die Höflichkeit, so schreibt der Schweizer Schriftsteller Max Frisch (1911–1991) in seinen Tagebüchern, ist „nicht eine Summe von Regeln, die man drillt", sondern „eine innere Haltung, eine Bereitschaft, die sich von Fall zu Fall bewähren muss". Die Höflichkeit steht nicht im Gegensatz zur Wahrhaftigkeit, sondern ist ihre „liebevolle Form". Es ist nicht eine „leere Fratze", sondern „eine Gabe der Weisen". Höflichkeit ist nicht eine isolierte Technik, vielmehr eine Haltung, die sich in Handlungen äußert. Die Höflichkeit muss dem Herzen entspringen, dann werden sich Benehmen und Manieren frei entwickeln.

Höflichkeit ist zuerst Haltung, dann Handlung

Lösungswege

Höflichkeit und gutes Benehmen gewinnen in unserer Gesellschaft wieder zunehmend an Interesse, wie eine Umfrage des Instituts für Demoskopie in Allensbach belegt. Meinten 1992 nur 73 Prozent der Bundesbürger, dass diese Werte wichtige Erziehungsziele sind, so waren es 2003 schon 87 Prozent. Das Thema „Manieren" ist ohne Frage wieder „in". Die Deutschen lesen Benimm-Broschüren und besuchen eifrig Etikette-Seminare. Selbst die Schulen diskutieren, ob sie einen „Höflichkeits-Unterricht" einführen sollen. Das Saarland hat 2004 als erstes Bundesland hier ein Pilotprojekt gestartet.

Das alles mag wertvoll sein und wird im Einzelfall sicher helfen. Doch eine neue Haltung gewinnt man nicht in Crashkursen – sie setzt eine persönliche Auseinandersetzung voraus. Und es ist gerade die Bibel, die einen solchen Lebensstil eröffnet. Sybil Gräfin Schönfeldt, Hamburger Publizistin und ungekürte Autorität in Sachen gutes Benehmen, wurde von einem Journalisten nach einem einfachen Zugang zur Höflichkeit gefragt. Ihre Antwort war ebenso knapp wie präzise: „Die zehn Gebote reichen aus. Darin ist alles gesagt."

Die biblische Basis

Das Alte Testament

Wer in der Bibel nach Ratschlägen für gutes Benehmen sucht, wird schnell fündig. Im Alten Testament ist es besonders die Weisheitsliteratur, die hier konkrete Tipps gibt. Hierzu gehören u. a. das Buch der Sprichwörter, das Buch Kohelet, einige Psalmen und das apokryphe Buch Jesus Sirach. Fast alle Felder des menschlichen Miteinanders werden hier gestreift.

Das Neue Testament

Hier sind es die so genannten Paränesen („Weisungen") am Ende der apostolischen Briefe, die immer wieder die Aufforderung zur Freundlichkeit und Höflichkeit beinhalten. So schreibt Paulus an die Gemeinde der Philipper:

- „Alle in eurer Umgebung sollen zu spüren bekommen, wie freundlich und gütig ihr seid" (Philipper 4,4).

Das biblische Wort für Höflichkeit: Ehrerbietung

Ehre und Ehrerbietung

Eine besondere Bedeutung kommt in unserem Zusammenhang dem Begriff der „Ehrerbietung" zu. Die neutestamentlichen Texte betonen ausdrücklich, dass man sich gegenseitig mit Achtung und Würde begegnen soll. Paulus formuliert es in seinem Brief an die Gemeinde in Rom folgendermaßen:

- „Ehrt euch gegenseitig in zuvorkommender Weise" (Römer 12,10).

Nicht meine eigene Anerkennung soll, so Paulus, im Vordergrund stehen, sondern die des anderen:

- „Handelt nicht aus Selbstsucht oder Eitelkeit! Seid bescheiden und achtet den Bruder oder die Schwester mehr als euch selbst. Tut nichts aus Eigennutz oder um eitler Ehre willen, sondern in Demut achte einer den andern höher als sich selbst" (Philipper 2,3).

Ehrerbietung ist erfinderisch

Interessant ist, dass Paulus nicht schriftlich und letztgültig festlegt, wie Ehrerbietung konkret aussehen soll. Er denkt vielmehr an einen kreativen Prozess:

- „Richtet eure Gedanken auf das, was schon bei euren Mitmenschen als rechtschaffen, ehrbar und gerecht gilt, was rein, liebenswert und ansprechend ist, auf alles, was Tugend heißt und Lob verdient" (Philipper 4,8).

Paulus spricht von dem, was als „ehrbar" unter den Zeitgenossen der Philipper angesehen wird. Der Apostel hat hier nicht konkrete biblische Gebote im Sinn, sondern die „Tugenden", die kulturellen Werte, die im heidnischen Kleinasien hoch geschätzt wurden. Sicher ist das eine Anweisung, die auch heute noch manche Fragen offen lässt. Offenkundig erwartet Paulus nicht, dass die Christen ihre eigenen Werte gering achten. Im Zweifelsfall gilt es, Gott zu gehorchen und andere Maßstäben hintenanzustellen.

Der Elefant im Porzellanladen ist kein geistliches Ideal

Die Aufforderung von Paulus macht aber auch deutlich, dass es Christen nicht egal sein kann, was andere Menschen und Kulturen als wertvoll erachten. Dazu können Aspekte wie Musik, Mode, Freizeitverhalten oder Brauchtum zählen. Und es zeichnet gerade die christliche Haltung aus, all das nicht vorschnell zu verunglimpfen, sondern zu achten. Der berühmte Elefant im Porzellanladen ist kein geistliches Ideal, Sensibilität dagegen umso mehr.

Beispiel: Unser Geburtstagsfest

104

Um es an einem einfachen Sachverhalt zu verdeutlichen: Das Geburtstagsfest, so wie wir es heute kennen, besitzt weder biblischen noch kirchlichen Hintergrund. Ganz im Gegenteil: Während die römischen Kaiser ihre Geburtstage pompös zelebrierten, war für die frühen Christen der eigene Todestag das Fest des Eingangs in das neue Leben. Selbst die Kirchenbücher aus dem vorletzten Jahrhundert verzeichnen den Geburtstag noch nicht als nennenswertes Datum, wohl aber den Tauftag. Die Feier des Geburtstages ist eine ganz und gar neuzeitliche Erscheinung, um nicht zu sagen heidnische Einrichtung. Trotzdem wäre es ausgesprochen unhöflich, wenn wir aus diesen Gründen den Geburtstag von Familienangehörigen oder Freunden außer Acht ließen. Er gehört nun einmal zu den kulturellen Gepflogenheiten unserer Gesellschaft. Wir können ihn vielleicht – nach Absprache – übergehen oder etwas bescheidener feiern, aber ihn einfach vergessen, das können wir nicht.

Geistliches Fingerspitzengefühl

Fettnäpfchen vermeiden

In ein „Fettnäpfchen" tritt, wer sich „danebenbenimmt". Diese Redewendung bezieht sich darauf, dass früher in Häusern Töpfe mit Stiefelfett standen. Die Eintretenden konnten damit ihre nassen Stiefel einreiben. Wenn nun versehentlich jemand in den Topf mit dem Fett trat und später Flecken auf dem Boden machte, verärgerte er die Hauseltern.

Es ist nun schlechterdings kaum vorstellbar, dass ein Christ, der die Freundlichkeit Gottes erlebt hat, bewusst von Fettnäpfchen zu Fettnäpfchen eilt. Er ist ihm vielmehr wichtig, seinen Mitmenschen höflich zu begegnen. Rowdys und Rüpel tun das in aller Regel nicht.

Fingerspitzengefühl ist die Fähigkeit, das Richtige zu tun

Unterschiede, die man merken sollte

Als feinster Sinn des menschlichen Körpers gilt gemeinhin der Tastsinn. Und die meisten Tastrezeptoren befinden sich auf unseren Fingerspitzen. Hier sind wir in der Lage, Gewichtsunterschiede von wenigen tausendstel Gramm zu empfinden. Deswegen reden wir im übertragenen Sinn vom „Fingerspitzengefühl" als Fähigkeit, im entscheidenden Moment das Richtige zu tun. Es ist das bekannte „Taktempfinden", ein besonderes Zartgefühl, sich je nach Situation und Beziehung angemessen und höflich zu verhalten.

Um dieses Fingerspitzengefühl zu entwickeln, kann es helfen, nach den zwei „R", d. h. nach der „Rolle" und dem „Rahmen", zu fragen.

In welcher **„Rolle"** befinde ich mich/befindet sich der andere?

- Frau/Mann
- Ehefrau/Ehemann/Single
- Großmutter/Großvater/Verwandter
- Freund/Fremder
- Gastgeber/Gast
- Vorgesetzter/Mitarbeiter
- Mitglied/Mitarbeiter einer Gemeinde

In welchem **„Rahmen“** findet die Begegnung statt?

- zu Hause
- in der Firma
- bei einem Fest/Geburtstag/Jubiläum
- in der Kirche/Gemeinde/im Gottesdienst/Hauskreis
- beim Sport/in der Freizeit
- Heimat/Ausland

Höflich sind wir nur, wenn die anderen es auch so empfinden

Es macht einen Unterschied aus, ob ich mich in der Familie, unter Freunden oder Fremden aufhalte. Ob in der eigenen Wohnung, zu Gast, im Berufsleben oder im Gottesdienst – die Unterschiedlichkeit der Orte wird sich unterschiedlich auf mein Verhalten auswirken. Geistliches Fingerspitzengefühl ist sensibel für die jeweilige Umgebung.

Snobismus – eine lauernde Gefahr

Der „Snob“ (vom lateinischen „sine nobilitate“: ohne noble bzw. adlige Gesinnung) war in alter Zeit jemand, der die Statussymbole des Adels benutzte, ohne zum Adel zu gehören. Heute bezeichnen wir als „Snob“ einen eingebildeten Menschen, der wohl viel Wert auf vornehmes Verhalten legt, aber gerade dadurch arrogant wirkt. Er ist ein Mensch, bei dem offensichtlich mehr Schein als Sein vorhanden ist.

In der Umgebung des preußischen Königs Friedrich des Großen (1712–1786) gehörte es zum guten Ton, ausschließlich Französisch zu sprechen. Durch diese Umgangsform waren aber alle einfachen Leute, die nur der deutschen Sprache mächtig waren, ausgeschlossen. Geistliches Fingerspitzengefühl wird dagegen immer den Menschen im Zentrum sehen. Niemals darf es dazu kommen, dass das so genannte „gute Benehmen“ den anderen „schlecht“ dastehen lässt. Geistliches Fingerspitzengefühl wird den anderen nicht an den eigenen Maßstäben, sondern an seinen Erfahrungen und Möglichkeiten messen. Höflichkeit lässt dem anderen die Ehre zukommen, die ihm als einem von Gott geliebten Menschen zusteht.

Abstand halten und Nähe pflegen

Zur Körpersprache zählen Haltung, Nähe, Blickkontakt, Stimme und Kleidung

Johannes und Jesus

Jeder Bibelleser ist schon einmal über eine besondere Stelle im Johannes-Evangelium gestolpert. Dort heißt es in Johannes 3,23 ausdrücklich, dass der Jünger Johannes an der Brust von Jesus gelegen habe. So einzigartig diese Bemerkung auch ist, ihre Bedeutung ist sofort klar: So viel körperliche Nähe drückt eine große innere Zuneigung aus. Wer darüber nachdenkt, wie er auf andere Menschen wirkt und wie er sich ihnen gegenüber verhalten kann, wird die Sprache des Körpers immer mit einbeziehen. Oft sagt der Körper sogar mehr als die Worte selber. Dazu zählen Haltung, Nähe, Blickkontakt, Stimme und natürlich auch die Kleidung. Körpersprache setzt ein, oft ehe ein Gedanke ausgesprochen wird. Wissenschaftliche Untersuchungen ordnen die Wirkungskraft von körperlichen Signalen entsprechend hoch ein:

	Körpersprache	Stimme	Inhalt der Worte
Bedeutung für die Sympathie der Person	55 %	38 %	7 %
Bedeutung für das Behalten der Informationen	40 %	30 %	30 %

Achten Sie auf die unsichtbaren Distanzzonen

Das zwischenmenschliche Leben lässt sich in vier Zonen unterteilen. Jede dieser Zonen oder Radien gibt Auskunft über das Verhältnis der Personen zueinander. Nur in begründeten Ausnahmen dürfen diese Zonen außer Kraft gesetzt werden. Ansonsten haben wir den Eindruck, unsere Privatsphäre werde verletzt.

TOP

Ein freundliches Lächeln, eine angebotene Hand – das sind Brücken zu den Menschen.

Distanzzone	Radius	Erlaubnis	Ausnahmen
Intimzone	0 – 60 cm	Ehepartner, Kinder, Eltern, Verliebte	Arzt, Friseur, Masseur
persönliche Zone	60 – 150 cm	Freunde, Bekannte, Verwandte	Sport, öffentliche Verkehrsmittel, Aufzug
gesellschaftliche Zone	1,50 – 4 Meter	Kollegen, Vorgesetzte, Handwerker, öffentliche Räume	
öffentliche Zone	ab 4 Meter	Lehrer, Redner	

Nähe und Distanz in der Gemeinde

Die genannten Distanzzonen gelten natürlich auch für Gottesdienste, Hauskreise und andere kirchliche Veranstaltungen. Die Herausforderung besteht darin, sie einerseits zu wahren, andererseits aber auch Formen zu finden, die gegenseitige Nähe auszudrücken, die Christen durch Christus geschenkt bekommen. Dabei ist es sinnvoll zwischen öffentlichen und internen Veranstaltungen zu unterscheiden.

132

Im Rahmen eines Gottesdienstes kann man sich z. B. gegenseitig die Hand geben, um einem Lied oder gemeinsamen Gebet besonderen Ausdruck zu verleihen. Oder es ist möglich, beim Abendmahl dem Nachbarn Brot und Wein weiterzureichen, indem man ihm eine biblische Verheißung zuspricht. Es ist auf jeden Fall hilfreich, wenn der Leiter des Gottesdienstes diese Form der Nähe mündlich ankündigt und als freiwilligen Ausdruck des Glaubens beschreibt. Ohne Vorhersage kann dies für Gäste sonst befremdend wirken. Zwingen Sie niemand, körperliche Nähe zu pflegen, wenn sie gar nicht empfunden wird. Andere Formen der direkten Berührung (wie z. B. das Umarmen) sind eigentlich nur in Gruppen mit eher privatem Charakter möglich. Denn für viele Menschen ist das sonst eine emotionale Überforderung.

Rücken Sie niemandem zu sehr auf „die Pelle".

FLOP

Sitzen, stehen und gehen

Eigentlich kinderleicht

Mit etwa acht Monaten kann ein Kind sitzen ohne umzufallen, mit zwölf Monaten lernt es alleine zu stehen, und kurze Zeit später vermag es auch zu laufen. Was wir so in unserem ersten Lebensjahr lernen, ist aber weit mehr als nur eine Frage der Fortbewegung oder Ruheposition. Mit unserer Art zu sitzen, zu stehen oder zu gehen drücken wir auch eine innere Haltung zu den Menschen aus. Ein markantes Beispiel ist die biblische Aufforderung, gegenüber älteren Menschen unseren Respekt zu zeigen, indem wir uns erheben: „Steht ehrerbietig auf, wenn ein Mensch mit grauem Haar zu euch tritt" (3. Mose 19,32).

Mit einem Aufstehen bezeugen wir Respekt

Ordentlich sitzen

Es ist nichts dagegen einzuwenden, sich zu Hause auf das Sofa zu werfen, um wie ein Hund „alle Viere von sich zu strecken" oder sich wie ein Katze zusammenzurollen. Anders verhält es sich aber, wenn wir in einer Gruppe Platz nehmen. Hier gibt es einige Regeln, die in unserem Kulturraum allgemeine Geltung haben: Man sitze gerade und nicht wie ein leerer Sack auf dem Stuhl. Die Stuhllehnen sind – wie der Name sagt – zum Anlehnen gedacht. Die Arme sollten sich deshalb nicht wie Lianen an ihnen emporranken. Sie gehören vielmehr entweder in den Schoß oder auf die Armlehnen.

Rutschten früher Kinder auf ihren Sitzgelegenheiten unaufhörlich hin und her, so fragte man sie freundlich, ob sie „Hummeln im Hintern" hätten. Auch für Erwachsene passt diese körperliche Unruhe nicht wirklich. Man sitze ebenso nicht mit weit gespreizten Beinen auf dem Stuhl, weder als Mann noch als Frau. Mit Freunden ist es sicher kein Problem, die Beine übereinander zu schlagen, bei öffentlichen Veranstaltungen kann das schon sehr leger wirken. Beide Füße stehen besser aufrecht auf dem Boden. Für Frauen besteht darüber hinaus auch die Alternative, die Beine leicht zu strecken und die Füße anmutig zu kreuzen.

Aufstehen

Sehen wir vom familiären oder kollegialen Rahmen ab, gebietet es die Höflichkeit, dass ein Sitzender beim Eintritt einer weiteren Person aufsteht. Die Regel, dass die Frau beim erscheinenden Mann sitzen bleibt, ist heute eher passee. Eine Ausnahme sind ältere Menschen, die natürlich sitzen bleiben dürfen. Beim Aufstehen schnellt man nicht wie eine gespannte Feder empor, sondern erhebt sich entspannt. Dann reicht man die Hand zur Begrüßung.

Gerade stehen

Eine aufrechte Haltung ist auch heute noch am ansehnlichsten. „Kopf hoch, Brust raus“ ist eine alte, aber nach wie vor aktuelle Empfehlung. Ein Sauertopf mit hängenden Schultern und gebeugtem Gang ist für niemanden ein schöner Anblick. Natürlich darf es nicht so wirken, als habe man einen Stock verschluckt.

Die Hände sollten nur bei sehr privaten Gelegenheiten in den Hosentaschen zu sehen sein. Man steht mit beiden Füßen – nicht nur im übertragenen Sinn – auf dem Boden. Auch hier ist jedes Extrem zu vermeiden. Weder der Unteroffizier mit weit auseinander gestellten Beinen noch der Turmspringer im Windkanalschnitt ist ideal.

Leichtfüßig gehen

Bären gehen tapsig, Elefanten stampfen auf und Pferde scharren mit ihren Hufen – beim Menschen ist aber ein leichtfüßiger Gang das Angenehmste. Das Geheimnis eines schönen Gangs besteht darin, dass der ganze Körper in einem einheitlichen Rhythmus ausschreitet. Weder die Trippelschritte der Balletttänzerin noch die Siebenmeilenstiefel des Däumlings sind angemessen. Auch die Arme werden mit einbezogen, drehen aber nicht wie Propeller am Oberkörper.

Falls Handschuhe nicht ausreichend vor Kälte schützen, können die Hände auch in den Manteltaschen verborgen werden, aber besser nicht in Hosentaschen.

TOP

Eine Hilfe zum Geradestehen: Stellen Sie sich vor, Sie seien eine Marionette, die zusammengefallen am Boden liegt. Und nun werden Sie langsam an Ihren Fäden nach oben gezogen.

Beim Gehen: „Je lauter, desto besser" ist ein Missverständnis.

FLOP

Wohin mit Augen und Händen?

Körpersprache pur

Mit den Augen nehmen wir unsere Umgebung wahr, und mit unseren Händen ergreifen wir Gegenstände. Beide Körperorgane sind aber auch Kommunikationsmittel, die ohne Worte reden. Wenn Jesus seine Jünger vor der Himmelfahrt segnet und dabei seine Hände erhebt, unterstreicht er damit den Zuspruch Gottes (Lukas 24,50). Und in den Psalmen stehen die Augen stellvertretend für die Aufmerksamkeit, mit der wir uns Gott zuwenden (Psalm 25,15). Die Art und Weise, wie wir unsere Augen und Hände führen, spricht also für unser Wesen. Entsprechend sensibel gilt es auch, ihre Bewegung zu nutzen.

Mit den Augen und Händen sprechen wir

Fenster der Seele

Die Wissenschaft der Kinesik (vom griechischen Wort „Kinesis“ = Bewegung) untersucht die Wirkung der Körpersprache. Dem Blickkontakt kommt hier eine besondere Bedeutung zu. Nicht umsonst werden die Augen im Volksmund auch die „Fenster der Seele“ genannt. Ein direkter Blickkontakt lässt auf Selbstbewusstsein und Interesse schließen, ein ausweichender Blick wird dagegen oft als Distanz oder Unsicherheit interpretiert.

In manchen Redewendungen kommt die Sprache der Augen unnachahmlich zum Ausdruck. So sprechen wir von der „Liebe auf den ersten Blick“ oder fürchten den Moment, „wenn Blicke töten können“. Deshalb sollten wir unser Gegenüber zwar immer freundlich anschauen, aber niemals unbeweglich anstarren. Im Gespräch kann man durchaus einmal nach links oder rechts sehen, aber nie für längere Zeit aus dem Fenster, auf die Uhr, auf den Boden, an die Decke oder nach anderen Menschen schauen. Das wirkt sofort arrogant oder desinteressiert. Ohne Grund sollten wir eine Person auch nie zu ausführlich fixieren. Der andere wird sich fragen, ob er uns kennt, und falls er sich nicht an uns erinnert, wird er uns entweder für aufdringlich oder schlicht für irre halten.

Hand-liche Botschaften

Manchmal ist es gar nicht so einfach, Hände und Arme unter Kontrolle zu halten. Wenn wir hier aber nicht Acht geben, erzählen sie Dinge über uns, die wir vielleicht lieber für uns behalten möchten. Hier die bekanntesten Botschaften:

- Umklammern von Gegenständen = unterdrückte Wut
- Streicheln von Gegenständen = Einsamkeit, Nervosität
- Trommeln mit dem Finger = Nervosität, Gereiztheit
- Ballen der Faust = Aggression
- Kratzen am Kopf = Ratlosigkeit, Unsicherheit
- Hochwerfen der Arme = Begeisterung
- Verkreuzte Arme vor der Brust = Wunsch nach Distanz, Abwarten
- Offene Arm- und Handbewegungen = Sicherheit, Selbstbewusstsein
- Erhobener Zeigefinger = Belehrung

TOP

Schauen Sie zufällig jemand an und werden dabei überrascht, dann lächeln Sie freundlich. Das ist die beste Entschuldigung.

Wohin bloß mit den Händen?

Beim geselligen Gespräch lassen wir die Arme am besten einfach hinunterhängen. Gibt es sonst vernünftige Alternativen? Hände hinter dem Rücken erinnern an den Oberlehrer, Hände vor dem Bauch rufen Priesterfiguren wie Don Camillo ins Gedächtnis. Arme vor der Brust wirken streng und Hände in den Hosentaschen sind nicht jedermanns Sache. Also am besten fallen lassen und wildes Gestikulieren möglichst vermeiden. Hilfreich ist in vielen Fällen auch ein Glas oder ein anderer Gegenstand, an den wir uns „halten“ können. Ähnliches gilt übrigens auch für öffentliche Auftritte.

Finger weg!

Es gibt Gegenden, in die unsere Hände sich in der Öffentlichkeit nie, nie, nie verirren sollten. Finger gehören niemals

- in die Nase
- in die Ohren
- in den Mund
- unter die Kleidung
- in das Gesicht des Gegenübers

Spielen Sie mit Ihren Händen nicht „Windmühle“. Der Gestik kommt nur eine unterstreichende Funktion zu.

FLOP

Kleider machen Leute

Jesus – ein gut angezogener Mann

Der Kleidung kommt in der Bibel beinahe eine heilsgeschichtliche Bedeutung zu. Sie ist zum einen Erinnerung an die Entzweiung mit Gott (1. Mose 3,21), gleichzeitig aber auch Symbol für das neue, ewige Leben (Offenbarung 19,8). Die Kleidung nennt Jesus neben dem Essen und Trinken ausdrücklich als etwas, womit uns Gott versorgen wird (Matthäus 6,31). Wo so viel vom Geheimnis der Kleidung die Rede ist, wundert es nicht, dass Jesus selbst ein Mensch war, der entsprechenden Wert auf das Äußere legte. Die Evangelien erzählen, dass die Soldaten nach der Kreuzigung um die Kleider von Jesus würfelten (Johannes 19,23-24). Bei einem Lumpen hätten sie sich wohl diese Mühe nicht gemacht. Deshalb: Wer nachlässig mit der Kleiderfrage umgeht, hat die Bibel nicht auf seiner Seite.

„Wie man kommt gegangen, so wird man auch empfangen"

Unsere Kleidung spricht

„Kleider machen Leute" lautet der Titel einer Novelle von Gottfried Keller, die durch den gleichnamigen Film mit Heinz Rühmann 1940 recht populär wurde. Dort fertigt der Schneider Wenzel einen gräflichen Frack an. Er kann nicht anders, als vom großen Leben zu träumen. Daraufhin wird er von seinem Meister entlassen und reist mit dem Frack ins nächste Städtchen. Wegen seines gräflichen Erscheinungsbildes halten ihn die Bewohner dort tatsächlich für einen Adeligen.

Kleider – ob es uns gefällt oder nicht – sprechen eine laute Sprache. Sie geben wie unsere Haltung oder Hände eine Botschaft weiter. Und diese Botschaften werden auch meist unbewusst beantwortet. „Wie man kommt gegangen, so wird man auch empfangen!", beliebte meine Schwiegermutter zu sagen. Unordentliche Menschen provozieren Ablehnung, schillernden Paradiesvögeln begegnet man eher mit Skepsis. Wer sich dagegen seriös kleidet, hat in vielen Lebensbereichen größere Chancen.

Wo kleidet man sich wie?

Damit die richtige Kleiderwahl gelingt, sind zwei einfache Fragen hilfreich. Die erste lautet: „Was passt zu mir persönlich?" Wenn ich z. B. meine junge Nichte imitiere, mache ich mich lächerlich. Wenn ich als junger Mann schon großväterlich aussehe, ist das auch nicht vorteilhaft. Und die zweite Frage heißt: „Was passt zu dem Ort, den ich aufsuchen werde?“ Für das Büro kleide ich mich anders als zu Hause. In der Freizeit trage ich andere Kleidungsstücke als bei einer öffentlichen Veranstaltung. Wenn wir uns hier ein wenig umschauen und anpassen, werden wir die schlimmsten Fettnäpfchen vermeiden. Alle weiteren Entscheidungen sind eher individuell und betreffen den persönlichen Stil.

TOP

„Man darf anders denken als seine Zeit, aber man darf sich nicht anders kleiden." (Marie von Ebner-Eschenbach)

Und im Gottesdienst?

Hier ist es in den vergangenen Jahrzehnten zu erheblichen Veränderungen gekommen. War früher für unsere Eltern der Gottesdienst eher ein festlicher Akt, bei dem die besten Sachen angezogen wurden, gilt der Sonntagmorgen in der Kirche heute vielen Zeitgenossen eher als privates Freizeitvergnügen. Und es ist ja auch etwas Wahres an dieser Einstellung. Wenn wir während der Woche unter Druck stehen, soll der Sonntag Freiheit und Erneuerung atmen. Aber auch für einen Freizeitlook gibt es gewisse Geschmacksgrenzen, die besser nicht überschritten werden sollten. Folgende „Outfits“ sind für Erwachsene in Gottesdiensten eigentlich immer tabu:

126

- kurze Hosen bzw. extrem kurze Miniröcke
- nackte Füße oder Sandalen
- grelle, flatternde Hemden über starkem Bauch
- bauch- und nabelfreie T-Shirts
- Ärmellöcher mit Ausblick auf die Achselhaare
- Spaghetti-Träger und überhaupt jede Art von Strandkleidung
- Hüte oder Mützen bei Männern
- Jogginganzüge und Leggins

Verzichten Sie auf extravagante Kleidung, denn dann haben Sie bessere Aussichten, mit Ihrer Persönlichkeit wahrgenommen zu werden.

FLOP

Schmales Budget?

Eine gute Kleidung ist nicht abhängig von einem großen Gehalt oder einem Riesenkleiderschrank. Entscheidend ist vielmehr ein planvolles Vorgehen beim Kleiderkauf. Nicht der spontane Impuls oder ein aktuelles Sonderangebot sollte den Ausschlag geben, was ich kaufe, sondern die Überlegung, was ich für welche Lebenslagen und Gelegenheiten in Zukunft brauche.

Mit Haut und Haar

Haarige Angelegenheiten

Dass Haare mehr sind als nur eine natürliche Kopfbedeckung, wird beim Lesen der Bibel offensichtlich. Volles und farbiges Haar ist Ausdruck von Leben. Deshalb heißt es im Buch Prediger: „Halte dir den Ärger von der Seele und die Krankheit vom Leib. Jugend und dunkles Haar sind so vergänglich“ (Kohelet 11,10). Im Buch Richter ist es Simson, dessen lange Haare sogar die Kraft Gottes symbolisieren (Richter 13,5). Im Gegenzug ist das Überschütten der Haare mit Asche ein Ausdruck der Trauer (2. Samuel 13,19). Auch die deutsche Sprache kennt Redewendungen, die verwandte Aussagen beinhalten: „Er musste ganz schön Haare lassen“ meinen wir, wenn jemand einen persönlichen Verlust erlitten hat. „Das ist ja zum Haareausraufen“ sagen wir, wenn wir uns furchtbar ärgern. Der Zustand unserer Haare ist oft ein Ausdruck unserer Persönlichkeit.

Der Zustand unserer Haare: ein Ausdruck der inneren Verfassung

Frisuren und Schnitte

Gibt es noch „die“ richtige Frisur? Früher vielleicht einmal, heute wohl nicht mehr. Durch die Entwicklung von Tönungen, Oxidationsfarben und Dauerwellen sind die Frisuren bunter und facettenreicher denn je. Auch bei den Haarschnitten gibt es eine große Auswahl. Das macht – die Männer sind hier einmal außen vor – die eigene Entscheidung nicht immer einfach. Vor allem anderen ist entscheidend, dass Ihre Frisur sich weniger an den Modetrends und mehr an Ihren eigenen Gesichtszügen orientiert. Nicht jede Frisur steht jedem, die Haare sollten also „zu Gesichte stehen“.

Pflege der Haare

Haare sind nicht Haare. Blonde Menschen haben auf dem Kopf am meisten Haare, rund 140 000. Es folgen die Brünetten mit 110 000 und die Dunkelhaarigen mit 90 000 Haaren. Dafür sind die dunklen Haare die dicksten und die blonden am dünnsten. Hinzu kommen die vielen individuellen Merkmale der eigenen Haare. Es sollte einem deshalb schon etwas wert sein, die passenden Shampoos und Pflegemittel zu finden. Beim Föhnen ist die Richtung entscheidend. Da nach dem Waschen die Haare aufgeraut sind, empfiehlt es sich, den Föhn so zu halten, dass die Luft vom Ansatz zu den Haarspitzend geblasen wird. So behalten die Haare ihren natürlichen Glanz. Die Tönung und Färbung von Haaren ist bei Frauen heute allgemein üblich, bei Männern erscheint sie dagegen etwas kurios.

Mehr als eine Hülle

Wie den Haaren kommt auch der Haut eine Symbolkraft zu. Schlimme Nachrichten „gehen unter die Haut", und im Zorn würden wir manchmal „am liebsten aus der Haut fahren". Und wenn die Haut so sensibel reagiert, sollten wir auch mit ihr rücksichtsvoll umgehen. Deshalb gibt es auch schon im Alten Testament einen Sinn für Hautpflege, die nur in Ausnahmesituationen unterlassen wird (Daniel 10,3). Neben einer gesunden Lebensweise ist eine Hautcreme die ideale Ergänzung. Das gilt insbesondere für Menschen, deren Haut zu Trockenheit neigt.

Gepflegte Hände sind nicht nur Frauensache

Gepflegte Fingernägel bestimmen das Erscheinungsbild erheblich mit. Sie erzählen etwas davon, wie wir selbst auf uns achten. Zu einer einfachen Nagelpflege gehört eisern die regelmäßige Reinigung. Die berüchtigten „Trauerränder" unter den Nägeln sind für niemanden ein angenehmer Anblick. Im Durchschnitt wächst jeder Nagel in der Woche einen Millimeter. Gekürzt werden sie niemals durch die Zähne, im Ausnahmefall mit der Schere, möglichst immer mit der Nagelfeile. Es bietet sich an, mit einem Holzstäbchen die Haut am Nagelbett zurückzuschieben. Eine passende Handcreme komplettiert die Handpflege.

TOP

„Nimm das Leben als ein Fest", rät das Buch Kohelet: „Trag immer frisch gewaschene Kleider und sprenge duftendes Öl auf dein Haar" (Prediger 9,8).

Körperpflege findet niemals in der Öffentlichkeit statt.

FLOP

Alles dufte!

Für Gott und die Menschen

Wer die Bibel auf Düfte hin untersucht, wird schnell fündig. Im Hohelied sind es die Liebenden, die miteinander die tausend Düfte des Orients versprühen (Hoheslied 1,3.13). Doch die Welt der Düfte ist nicht nur für Männer und Frauen da, Gott selbst hat seine Freude daran. Die alttestamentlichen Anleitungen zum Rauchopfer (2. Mose 30) imponieren noch heute: Stakte, Räucherklaue, Galbanum, Gewürzkräuter und Weihrauchharz sollen für Gott verbrannt werden. So ist es keine Überraschung, wenn die Könige aus dem Morgenland dem neugeborenen Gottessohn Weihrauch und Myrrhe schenken (Matthäus 2,11). Und als Maria dem erwachsenen Jesus die Füße mit kostbaren Nardenöl wäscht und der Duft das ganze Haus erfüllt, wehrt er sich nicht (Johannes 12). In der katholischen Kirche wird auch heute noch Weihrauch verbrannt. Hier liegt auch der Hintergrund für den Begriff Parfüm. „Per fumum" ist lateinisch und heißt übersetzt „durch den Rauch".

Gott liebt schöne Düfte

Immer der Nase nach

Im Gegensatz zu unserem Geschmackssinn mit seinen fünf Richtungen (süß, sauer, salzig, bitter und umami) kann unser Geruchssinn rund 10 000 unterschiedliche Düfte wahrnehmen. Auch beim Essen einer Mahlzeit spielt die Nase eine große Rolle. Jeder, der schon einmal mit Schnupfen sein Lieblingsessen gekostet hat, weiß, wie fad plötzlich alles schmeckt. Wir Menschen sind – ohne Übertreibung – regelrechte „Naseweise". Dass der Duft eines Menschen auch erheblich zu seiner Annahme bzw. Ablehnung beiträgt, belegen die vielen sprichwörtlichen Redewendungen. So sagen wir von einem Menschen, dass wir „ihn gut riechen können", dass er ein „dufter Typ" sei oder dass wir die „Nase von ihm voll" haben. Darum ist alles zu vermeiden, was einen unangenehmen Körpergeruch begünstigt. Ist das tägliche Bad mit Seife eigentlich noch erwähnenswert? Wer hier regelmäßig ausweicht, dem helfen weder Deodorants noch teure Parfüms.

Stinknormal?

Es gibt im täglichen Leben etliche Dinge, die einen starken Geruch entwickeln können und deshalb öffentlich nur mit Vorsicht zu genießen sind. Das Beispiel des kalten Zigarettenrauchs ist ein Allgemeinplatz. Aber haben Sie auch schon einmal neben einem Zugnachbarn gesessen, der gekochte Eier, selbst gebratene Frikadellen oder rohen Kohlrabi aß? Wer hier eine feine Nase besitzt, dem vergeht jeder Appetit.

Und sollten Sie demnächst wieder Ihr griechisches Lieblingsrestaurant aufsuchen, dann überlegen Sie bei der Bestellung der Knoblauchsauce genau, wen Sie morgen am Vormittag vor sich sitzen haben. Die meisten Leute reagieren nämlich nicht entzückt über diese Art von Mundgeruch.

Und wer Malaisen mit Fußgeruch hat, der ziehe seine Schuhe beim Besuch auch besser nicht aus. So erspart man sich manches Naserümpfen im Nachhinein.

TOP

Wer raucht, sollte immer ein Mundspray oder Pastillen bei sich tragen.

Düfte der Welt

Vor rund 70 Jahren war für die meisten Menschen Parfüm noch kein Thema. Sauberkeit und Seife waren der Standard, und hier und da nutzten ältere Damen auch das Kölner Wunderwasser „4711". Erst die künstliche Herstellung von Duftkonzentraten führte nach dem Krieg zum Umdenken. Heute nutzen Frauen und Männer gleichermaßen Parfüm, Eau de Cologne und Eau de Toilette. Und das ist auch gut so. Oder können Sie sich einen Mann vorstellen, der nach seiner Rasur ganz auf ein Rasierwasser verzichtet?

Deshalb: Schauen Sie sich immer wieder einmal in den Kaufhäusern die Parfümerien an. Sie werden überrascht sein, welche neuen Düfte geschaffen und angeboten werden.

Sich in eine Duftwolke einzuhüllen, ist auch eine Form der Rücksichtslosigkeit.

FLOP

Ganz schön schmuck

Innerer und äußerer Schmuck

Wie alle Völker der Welt kennt auch das alte Israel den Gebrauch von Schmuck. Die Menschen halten ihn für einen Ausdruck der Freude (Jesaja 61,3), und die Priester schmücken sich mit wertvollen Steinen für die Begegnung mit Gott (2. Mose 25,7).

Das Neue Testament kennt auch kritische Stimmen zum persönlichen Gebrauch von Gold und Silber. Es ist Petrus, der zu Recht betont, dass ein bloß äußerlicher Schmuck vor Gott keinen Bestand haben wird: „Eure Schönheit soll von innen kommen! Freundlichkeit und ein ausgeglichenes Wesen sind der unvergängliche Schmuck, der in Gottes Augen Wert hat" (1. Petrus 3,4). Darin aber nun eine grundsätzliche Ablehnung zu sehen, verkennt den Geist der Bibel. Kein anderer als Jesus vergleicht das Himmelreich mit einem der schönsten Schmuckstücke, das die Natur uns bietet, der Perle (Matthäus 13,46). Und in seinem Gleichnis vom verlorenen Sohn lässt er den Vater für den Heimkehrer neben neuen Kleidern und Schuhen auch das passende Kleinod bringen – einen Ring (Lukas 15,22).

Schmuck darf sich nicht verselbstständigen

Weniger ist mehr

Der Schmuck sollte das äußere Erscheinungsbild vervollständigen und sich nicht „verselbstständigen". Er darf eindringlich, aber nicht aufdringlich sein. Der mit Lametta behängte Weihnachtsbaum ist nun wirklich kein Vorbild. Oder wie es eine meiner Tanten sagte: „Bloß nicht so aufdonnern."

Und: Bewahren Sie das Beste für die besten Tage auf. Auch der schönste Schmuck wirkt sonst auf Dauer inflationär. Das gilt auch für den einzelnen Tag. Einen Diamantring 24 Stunden zu tragen, macht schon einen seltsamen Eindruck, aber für das gemeinsame Treffen am Abend ist er der vollkommene Ausdruck von ewiger Schönheit.

Das A und O: Sinn für Form und Farbe

Auch wenn sich über Geschmack immer streiten lässt, gibt es dennoch einige Erfahrungswerte, die selbst bei wechselnden Modetrends ihre Gültigkeit behalten. Einmal sollte die Schmuckfarbe zu Haut und Haaren passen. So eignet sich Bernstein für schwarzhaarige Frauen gut, für Grauhaarige eher nicht. Während Gelbgold für brünette Frauen mit einer tieferen Hautfarbe eine optimale Wahl darstellt, ist für Hellhäutige auch Weißgold und Silber eine gute Alternative. Ähnlich individuell geht man bei der Form des Schmucks vor. Große südländische Ohrringe machen sich bei einem runden Gesicht nicht vorteilhaft. In diesen Fragen sollte man sich am besten fachkundig beraten lassen.

TOP

Schöner Schmuck ist nicht eine Frage der Menge, sondern des Geschmacks.

Schmuck für Männer?

Dass Männer keinen Sinn für Schmuck haben, ist ein Gerücht. Nur die Auswahl ist beschränkter als bei den Frauen. Neben dem Ehering ist maximal ein weiterer Ring an der anderen Hand erlaubt. Er sollte im Idealfall mit seiner Farbe auf die Armbanduhr Bezug nehmen. Wer ein Auge für solche Dinge hat, wird auch darauf achten, dass eine farbliche Harmonie mit Gürtelschnalle und ggf. vorhandenen Manschettenknöpfen besteht.

Viele Teenager tragen Bänder und Ketten an Hals und Handgelenken. In unseren Breitengraden mutet das bei erwachsenen Männern aber leicht ein wenig komisch an. Wer hier absolut nicht verzichten möchte, sollte die Schmuckstücke wenigstens ein bisschen verdecken. Bei allem gilt für Männer: Eleganz ja, Extravaganz nein.

Punk und Piercing

Ein edler Stein mag am Nabel einer schlanken Frau noch ansehnlich sein. Ringe durch Nase, Zungen, Lippen oder Augenbrauen erscheinen dagegen eher unappetitlich. Aber was sollen wir tun, wenn unsere Tochter oder Enkelin dann eines Tages mit einem gepiercten Körperteil vor der Tür steht? Das ist doch klar: Wir freuen uns natürlich über sie.

Ohrringe bei Männern? Im jugendlichen Überschwang sicher, später besser nicht mehr.

FLOP

Grüßen und begrüßen

Freundlich wie Maria

Biblisches Urbild des gelungenen Grüßens ist Maria, die Mutter von Jesus. Sie ist es, die ihre Verwandte Elisabeth so grüßen kann, dass sogar deren ungeborenes Kind, der spätere Täufer Johannes, einen Freudensprung im Bauch seiner Mutter macht (Lukas 1,44).

Begrüßungen heute

Wenn sich Kinder untereinander treffen, grüßen sie sich gerne mit einem kurzen „Hi", „Hallo" oder „Na?". Und wer wollte dagegen ernsthaft etwas einwenden? Problematisch wird es nur, wenn Kinder oder gar Erwachsene diese Begrüßungen zum alltäglichen Standard erheben oder vielleicht jede Art des Grüßens überhaupt vermeiden. Zum Kern einer guten Begrüßung zählen heute: das passende Grußwort, das freundliche Zunicken und der Händedruck. Der Handkuss lebt nur noch in Filmen fort und ist im normalen Leben leider längst passee.

Einer Begrüßung auszuweichen gilt immer noch als Beleidigung

Der einfache Gruß

Die erste Stufe des Grüßens ist das einfache Zunicken. Es ist verbunden mit einem freundlichen Gesicht und dem passenden Grußwort. Üblicherweise gilt beim einfachen Grüßen, dass derjenige zuerst grüßt, der den anderen zuerst wahrnimmt. Treffen zwei Personen gleichzeitig zusammen, grüßt zuerst der Jüngere den Älteren bzw. der Mann die Frau. Ein Grüßen sollte unbedingt erwidert werden. Das bewusste Nichterwidern wird in unserer Gesellschaft immer noch als echte Beleidigung begriffen.

Das passende Grußwort

Entsprechend der Tageszeit ist es üblich, sich entweder „Guten Morgen", „Guten Abend" oder „Gute Nacht" zu wünschen. Bei den Zwischenzeiten wie Vormittag oder Nachmittag ist das „Guten Tag" angemessen. Es gibt Zeitgenossen, die das weit verbreitete „Mahlzeit" zur Mittagszeit überhaupt nicht mögen. Und tatsächlich: „Guten Appetit" oder „Schöne Pause" klingt oft viel freundlicher. Zu erwähnen sind auch regionale Begrüßungen wie das süddeutsche „Grüß Gott" oder das norddeutsche „Moin, moin". Im intimen Rahmen haben sie durchaus ihren Platz, auf Außenstehende können sie aber fremd wirken.

Hände reichen

Die historische Wurzel des Händeschüttelns ist praktischer Natur: So konnte man zeigen, dass keine Waffe in der Hand versteckt war. Auch heute steht der Händedruck noch für Offenheit und Gesprächsbereitschaft. Im Gegensatz zum einfachen Gruß wird der erste Händedruck jedoch meistens „angeboten": vom Älteren dem Jüngeren, von der Frau dem Mann, vom Vorgesetzen dem Mitarbeiter, vom Gastgeber dem Gast. Wenn man sich schon länger kennt, entfallen natürlich diese Reihenfolgen. Beim Händeschütteln sollten sich die Hände schon frühzeitig von Hosen oder Handschuhen lösen. Und es versteht sich von selbst: Keiner der Beteiligten bleibt sitzen.

TOP

Gehen Sie mit dem Grüßen in die Offensive. Sie werden merken: Der freundliche Gruß baut Brücken.

Das Grüßen im größeren Kreis

Trifft man auf eine größere Gruppe von Menschen, so empfiehlt es sich auf das persönliche Grüßen zu verzichten. Stellen Sie sich vor, Sie betreten ein Zugabteil oder ein Wartezimmer und begrüßen jedermann mit Handschlag! Hier reicht also ein allgemeines Zunicken und ein freundliches Grußwort für alle Anwesenden. Darauf sollte dann aber auch nicht verzichtet werden.

Grüßen in der Gemeinde

Wenn das freundliche Begrüßen schon für den alltäglichen Umgang gilt, hat es erst recht in der Gemeinde seinen Platz. Wahrscheinlich ist die Aufforderung von Paulus „Grüßt euch gegenseitig mit dem Friedenskuss" (Römer 16,16) für unsere Verhältnisse oft eine Überforderung, doch gilt ihr innerer Anspruch: sich in Herzlichkeit zu begegnen. In kleinen Gruppen wie Hauskreisen kann dies ganz natürlich geschehen. Für Gottesdienste besteht die Herausforderung, Punkte zu schaffen, an denen die persönliche Begrüßung ermöglicht wird. Dies kann z. B. beim Abendmahl durch die Zusage einen Segensgrußes oder im Rahmen eines anschließenden Gemeindecafés geschehen.

Vermeiden Sie beim Händedruck sowohl „Zangengriffe" (bei denen der andere vor Schmerz laut aufschreit) als auch „tote Fische" (die keinerlei Regung enthalten). Mit einem leichten Druck machen Sie „Ein-Druck".

FLOP

Siezen und Duzen I

Keine biblische Frage

Weder die hebräische Sprache des Alten Testaments noch das Griechisch des Neuen Testaments kennen eine Unterscheidung zwischen „Du“ und „Sie“. Ähnlich wie in den alten germanischen Sprachen wird hier die persönliche Anrede meistens durch die Beugung der Verben gekennzeichnet.

Erst mit dem 9. Jahrhundert setzt sich in Europa die direkte Anrede mit dem „Du“ durch. Während sich die Menschen gleichen Standes untereinander duzen, beginnen die Niedriggestellten die Höhergestellten zu „Ihrzen“ („Könnt Ihr mir bitte helfen?“). Im 17. Jahrhundert kommt kurzzeitig auch das „Erzen“ in Mode („Kann Er/Sie mir bitte helfen?“).

Bei fremden Menschen ist das „Sie“ auch heute noch ein Muss

Abhängig von Ort und Personen

Im Deutschen gebrauchen wir zur Anrede entweder das „Du“ oder das „Sie“. Beide Anredeformen verfügen über ein breites Bedeutungsspektrum. Das „Du“ ist einmal ein Ausdruck des Vertrauens und des Wohlwollens (z. B. zwischen Freunden oder in der Familie). Es kann aber auch als Form der Geringschätzung empfunden werden (z. B. im Streit). Entsprechendes gilt auch für das „Sie“. Im Idealfall drückt es Respekt und Achtung aus (z. B. wenn man sich miteinander bekannt macht). Es kann aber ebenso als Instrument der Distanzierung benutzt werden. Die Wahl für das „Du“ oder „Sie“ ist also sehr vom jeweiligen Ort abhängig.

Der deutsche Normalfall

Bei fremden Menschen ist auch heutzutage noch das „Sie“ ein Muss. Mag es in England, Skandinavien oder in den USA anders gehandhabt werden, in Deutschland gilt das unvereinbarte „Du“ als ausgesprochen unhöflich. Ausnahmen von dieser Regel sind Kinder einschließlich des 15. Lebensjahres.

Aber wie die Lehrer in der 11. Klasse ihre Schüler zu siezen beginnen, so sollten auch Teenager allgemein ab diesem Lebensalter mit dem „Sie“ angesprochen werden. Eine weitere Abweichung sind bestimmte Gruppen wie Vereine, Parteien oder Interessenverbände, wo das „Du“ von altersher gepflegt wird. Hier auf einem „Sie“ zu bestehen kann schnell als Arroganz ausgelegt werden.

Mittlerweile gibt es auch schon Zwischenlösungen: Vielleicht passt in einem Fall ja auch das „Hamburger Du". Dabei nennt man den Vornamen und bleibt doch beim „Sie".

TOP

Eine schöne Sitte: Zelebrieren Sie das „Du", indem Sie gemeinsam anstoßen.

61

Wer bietet wem das „Du" an?

Manchmal ergibt sich das „Du" wie von selbst und wird ohne Aufhebens praktiziert. Aber es gibt genügend Fälle, in denen nur eine Person die Initiative ergreifen kann. Im Privatbereich gilt, dass der Ältere dem Jüngeren das „Du" anbietet. Allerdings fallen hier nicht einzelne Jahre ins Gewicht, sondern es kommt eher auf die jeweilige Generation an. Dabei spielt es heute keine Rolle mehr, ob das Angebot des Duzens von Frau oder Mann ausgeht.

Im Berufsleben existiert eine einfache Regel: Der Du-Vorschlag geht immer vom Vorgesetzen aus. Unter gleichgestellten Kollegen spielt wieder das Alter die ausschlaggebende Rolle.

Im Zweifelsfall die indirekte Rede

Was tun, wenn man sich bei der Anrede nicht sicher ist? Im Zweifelsfall ist es klug, eine sprachliche Zwischenlösung zu wählen, die die direkte Anrede umgeht. Anstelle von „Könntest du bzw. könnten Sie mir bitte die Milch geben?" ist es geschickter, sich mit einem „Könnte ich bitte die Butter haben?" zu behelfen.

Ein „Du", entstanden unter starkem Alkoholgenuss, ist am nächsten Tag oft nichts mehr wert.

FLOP

Siezen und Duzen II

In der Gemeinde

Je nach Gemeindegröße und Landstrich gibt es in der Praxis hier sicher Unterschiede. In der Tendenz aber neigen Gemeinden und kirchliche Gemeinschaften zu einem offenen „Du“ im gegenseitigen Umgang. Diese intime Anrede ist letztendlich in der geistlichen Dimension einer Gemeinde begründet. Die neutestamentlichen Texte sprechen die Christen immer wieder als „Brüder“ und „Schwestern“ an. Gott, der Vater, schafft durch seinen Sohn Jesus Christus mit der Gemeinde eine neue Familie. Das „Du“ untereinander entspricht dem „Du“ Gottes zu uns.

Die Nähe unter den Christen entspricht der Nähe Gottes zu seiner Gemeinde

Freiheit wahren

In der Kirchengeschichte ist das so genannte „Quäker-Du“ bekannt. Die Quäker, eine Erneuerungsbewegung unter den englischen Christen im 17. Jahrhundert, benutzten ungefragt das „Du“ („Thou“) für alle Menschen. Die Folge war, dass das „Quäker-Du“ mehr und mehr verpönt und nur noch das englische „You“ gebraucht wurde. Deshalb: Das „Du“ für alle in der Gemeinde einfach zu beschließen, ist nicht ratsam. Hier sollte immer die Freiheit gewahrt bleiben.

In kleiner Runde

Eine heikle Situation kann entstehen, wenn bei gemeindlichen Veranstaltungen oder in Mitarbeiterkreisen eine „Zweiklassen-Gesellschaft“ entsteht, indem der Leiter einige Teilnehmer duzt und andere wiederum siezt. Das wirkt komisch und oft auch ausgrenzend. Für den Leiter ist es deshalb sinnvoll, die Frage nach der Anrede zu Beginn des Seminars oder der Mitarbeiterrunde zu klären. Man könnte z. B. sagen: „Wenn Sie zustimmen, können wir uns alle mit Vornamen ansprechen.“

Die Anrede im Gottesdienst

Das Gesagte hebt allerdings nicht die Einsicht auf, dass in Gottesdiensten auch das „Sie“ einen festen Platz behält. Denn Gottesdienste besitzen einen öffentlichen Charakter, und nicht wenige von ihnen kranken an einer allzu familiären Atmosphäre, die von Gästen oft als exklusiv empfunden wird. Wer im Gottesdienst zu schnell duzt, vermittelt Fremden, dass sie eigentlich nicht dazugehören.

Allerdings gibt es auch hier die berühmten Ausnahmen. Es gibt Menschen, die trotz eines „Du“ keine verbindliche Atmosphäre herstellen können. Und anderen gelingt auch mit dem Siezen keine ernst zu nehmende Stimmung. Zur gelungenen Gestaltung eines Gottesdienstes gehören immer eben mehr Elemente.

Vielleicht kann man es so formulieren: „Auf der Kanzel“ sollte bei Moderation und Predigt das „Sie“ benutzt werden. Eine Ausnahme bilden sicher bestimmte persönliche Zuspitzungen in der Predigt. „Vor dem Altartisch“ kann bei Segen, Trauversprechen oder Gebet aber auf das „Du“ nicht verzichtet werden. Es würde sich schon seltsam anhören, wenn uns jemand sagte: „Ich segne Sie im Namen Gottes.“ Oder wenn wir die Braut fragen würden: „Wollen Sie Ihren Mann ehren und lieben?“ Nur das präzise „Du“ schafft hier die gewünschte sprachliche Dichte.

TOP

In einer Gemeinde sollten gerade die Älteren und leitenden Mitarbeiter mutig vorangehen und den Jüngeren das „Du“ anbieten.

132

Ein „Du“ sollte immer freiwillig und niemals unter Druck entstehen.

FLOP

Sich vorstellen und bekannt machen

Die Qualität von Namen

In Goethes „Faust" findet sich der Satz: „Namen sind Schall und Rauch". Im Gegensatz dazu rühmt die Bibel die Würde des Namens. Namen zu vergeben ist ein elementarer Ausdruck des Menschseins (1. Mose 5,20). Ein Name steht stellvertretend für seinen Namensträger. Deshalb werden Christen auch auf den Namen Gottes getauft (Matthäus 28,19) und so Gott selbst übereignet. Namen sind nicht beliebig, sondern sind wert, genannt und gehört zu werden.

Sich selbst vorstellen

Sowohl Vorname als auch Nachname werden genannt

Sich selbst vorzustellen und den eigenen Namen zu nennen empfindet mancher als delikate Angelegenheit. Es soll schon vorgekommen sein, dass jemand dabei aus Versehen die James-Bond-Version übernommen hat: „Mein Name ist Schnepper, Arndt Schnepper." Um allen Eventualitäten aus dem Weg zu gehen, sollten Sie auf folgende Variationen zurückgreifen:

- Ich heiße Arndt Schnepper.
- Ich bin Arndt Schnepper.
- Mein Name ist Arndt Schnepper.
- Arndt Schnepper.

In den meisten Fällen bietet es sich an, bei der Vorstellung die Hand zu reichen. Sowohl Vorname als auch Nachname sollten genannt werden. Auf Titel, akademische Grade oder die Nennung von Frau bzw. Herr wird verzichtet: „Ich bin Herr Schnepper" klingt doch sehr hölzern. Möglich ist auch die Einleitung: „Darf ich mich vorstellen?". Das ältere „Gestatten?" wirkt heute schnell altbacken.

Eine dritte Person bekannt machen

Bei offiziellen Anlässen wird zuerst der Jüngere dem Älteren und der Mann der Frau bekannt gemacht. Im Unterschied zur Selbstvorstellung werden akademische Grade miterwähnt.

- Ich freue mich, Sie mit ... bekannt zu machen.
- Ich möchte Ihnen gerne … vorstellen.
- Darf ich Ihnen … vorstellen?

In diesem Zusammenhang ist es freundlich, „Brücken" für ein folgendes Gespräch zu bauen. Das kann so geschehen, dass man Beruf, Position oder erwähnenswerte Einzelheiten nennt. Im familiären oder freundschaftlichen Rahmen geht es natürlich ungezwungener zu. Doch auf das Bekanntmachen an sich sollte nicht verzichtet werden. Gerade für schüchterne Naturen ist es ein wahrer Eisbrecher.

TOP

Trägt man einen Hut, so nimmt man ihn beim Grüßen ab. Davon ausgenommen sind Sport- und Baskenmützen.

Zur Erwiderung

Im Gegenzug nickt man in jedem Fall freundlich zu. Denkbar ist es z. B., so zu antworten:

- Ich freue mich, Sie kennen zu lernen.
- Schön, dass wir uns hier treffen.
- Ich habe schon von Ihnen gehört, ich freue mich, Sie jetzt kennen zu lernen.

Seien Sie bei dieser Gelegenheit bloß kein stummer Fisch. Vielleicht gelingt es Ihnen ja sogar, ein Gespräch zu beginnen. Die altertümlichen Erwiderungen „Sehr erfreut“ oder „Angenehm“ werden heute nicht mehr benutzt.

Namen im Gottesdienst

Da der Gottesdienst einen öffentlichen Rahmen besitzt, sollten einzelne Personen immer mit Vor- und Nachnamen erwähnt werden. Es empfiehlt sich, auch die jeweilige Funktion des Genannten zu erwähnen. Recht ungelenk ist es, wenn Pastoren oder Moderatoren einzelne Personen nur mit dem Vornamen ansprechen. Dagegen sprechen mindestens zwei Gründe: Einmal ist der oder die Genannte vielen anderen Gästen nicht bekannt. Die vollständige Namensnennung bietet hier eine Hilfe. Zum zweiten suggeriert die intime Anrede durch den Vornamen eine exklusive Beziehung. Das kann von anderen Zuhörern schnell als ausgrenzend aufgefasst werden.

132

Unhöflich ist es, sich mit jemandem Drittes zu unterhalten, ohne seinen Begleiter bekannt zu machen.

FLOP

Anreden und Titel

Brüder und Schwestern

Unter „Titel“ verstehen wir Begriffe, die den Namen ersetzen oder erweitern. Als Bestandteil der Anrede sind sie gang und gäbe in den Sprachen der Welt. Auch das Neue Testament kennt solche Titel: So nannten sich die frühen Christen untereinander „Brüder“ und „Schwestern“. Und selbst Paulus legte immer wieder darauf wert, dass er ein „Apostel“ ist.

Deutsche Sparsamkeit mit Titeln

In Deutschland geht man mit Titeln sparsam um

Abgesehen vom obligatorischen „Herr“ und „Frau“, gehen wir in unserem Land nur sehr sparsam mit Titeln um. Darin spiegelt sich die demokratische Tradition unseres Landes. Trotzdem sollte man die wenigen noch gebräuchlichen Titulierungen auf jeden Fall ernst nehmen. Denn damit würdigen wir die berufliche oder wissenschaftliche Leistung der jeweiligen Person. Erwähnt der Angesprochene jedoch, dass er nur mit seinem Namen angesprochen werden möchte, sind natürlich die folgenden Konventionen gegenstandslos.

Akademische Grade

Streng juristisch ist der „Doktor“ kein Titel, sondern lediglich ein akademischer Grad. Zwar kann man ihn in den Personalausweis eintragen lassen, er ist aber kein Bestandteil des bürgerlichen Namens, deshalb auch nicht einklagbar. Um aber jede Empfindlichkeit zu umgehen, sollte man ihn im Zweifelsfalle immer mitnennen. Die Zusätze (z. B. jur., med., phil. etc.) finden nur in der schriftlichen Form Erwähnung. Trägt jemand den Titel eines Professors, was allerdings eine Berufsbezeichnung ist, lässt man bei der Anrede den Titel des Doktors entfallen. Bei der Adresse wird der Doktortitel jedoch benutzt (z. B. Professor Dr. med. Vorname Nachname). Akademische Grade wie der des Diplom-Ingenieurs oder des Masters werden, wenn überhaupt, nur in der Anschrift genannt.

Amts- und Berufsbezeichnungen

Andere Namenszusätze besitzen meistens einen internen Charakter. Lehrlinge nennen ihren Ausbilder vielleicht „Meister“ und Rekruten ihren Vorgesetzten „Herr Hauptmann“. Außerhalb der beruflichen Zusammenhänge verlieren diese Titel aber ihre Bedeutung. Nur hohe Staatsämter sind auch mit einer öffentlich gültigen Anrede verbunden. Es heißt also: „Frau Ministerin“ bzw. „Herr Minister“.

TOP

Wenn Sie unsicher sind, so fragen Sie Ihr Gegenüber, wie seine korrekte Anrede lautet. Entweder wird er sie nennen oder er wird auf seinen etwaigen Titel verzichten.

Wenn Sie einem Grafen begegnen sollten

Einen besonderen Fall stellen die noch erhaltenen Adelsbezeichnungen dar. In Österreich und der Schweiz sind sie gänzlich abgeschafft, bei uns leben sie seit 1919 als Namensbestandteile fort. Hier ersetzt z. B. die Bezeichnung „Graf“ bzw. „Gräfin“ die des „Herrn“ bzw. „Frau“ (also „Graf Lambsdorff“ und nicht „Herr Lambsdorff“). Zu beachten ist, dass viele Nachnamen, die ein „von“ beinhalten, keine Adelsprädikate sind, sondern schlicht traditionelle Ortsbezeichnungen.

Titelsucht?

Es mag unglücklich sein, wenn jemand aus Unwissenheit die angemessene Anrede unterlässt. Noch unglücklicher wirkt jedoch das Einfordern von Titeln. Der österreichische Literat Arthur Schnitzler hat es einmal so ausgedrückt: „Toleranz heißt: die Fehler der anderen entschuldigen. Takt heißt: sie nicht bemerken.“

Titel in der Gemeinde

Lässt man hochoffizielle Anlässe einmal außer Acht, sollte man sich in der Gemeinde um eine einfache Anrede bemühen. Titel wie „Pfarrer“, „Pastor“ oder „Bischof“ sind ja grundsätzlich Funktionen und keine hierarchischen Ausdrücke. Hier gilt das Jesus-Wort, dass es unter Christen nur einen „Lehrer“ und einen „Meister“ gibt (Matthäus 23,8).

134

Um die Zugehörigkeit zu unterstreichen, werden in manchen Gemeinden die Mitglieder mit dem Zusatz „Bruder“ bzw. „Schwester“ vor dem Nachnamen genannt. Das ist eine schöne Ehrenbezeichnung, die allerdings von Außenstehenden missverstanden wird und deshalb nur intern benutzt werden sollte.

Die Bezeichnung „Fräulein“ wird nicht mehr benutzt.

FLOP

Smalltalk

Mit den Leuten ins Gespräch kommen

„Smalltalk" nennen die Engländer ein kurzes freundliches Gespräch. In Deutschland hat es die kleine Unterhaltung dagegen oft schwer. Gilt doch bei uns, dass alle Gespräche einen tiefen Sinn haben müssen. „Oberflächlichkeit" ist das vernichtende Urteil, das jedem droht, der sich nur über das Wetter oder den Fußball unterhält.

Und doch sind es gerade die kleinen alltäglichen Gespräche „zwischen Tür und Angel", die Herzen öffnen können. Sie drücken Wertschätzung und Interesse aus. Berühmtes Beispiel hierfür ist Jesus selbst, der – zur Verwunderung seiner Jünger – mit der Frau am Jakobsbrunnen ein Gespräch beginnt (Johannes 4). Der „stumme Fisch" ist wirklich kein biblisches Ideal.

„Smalltalk" führen heißt, über Dinge zu reden, die dem anderen angenehm sind

Leichte Themen

„Smalltalk" kann fast überall stattfinden: im Aufzug, auf einer Party und im Restaurant. Und gute Ausgangspunkte sind immer aktuelle Anlässe: das Wetter, der Stau auf der Autobahn oder der Film vom gestrigen Abend. Es funktioniert wie beim Fußball: Der eine gibt dem anderen eine gute Vorlage.

Gleichberechtigte Partner

Wichtig ist es, bei einer Unterhaltung dem Gesprächspartner auf Augenhöhe zu begegnen. Das kleine Gespräch ist kein wissenschaftlicher Diskurs mit Pro und Kontra. Auch die Kritik ist hier fehl am Platz. „Smalltalk" führen heißt, über Dinge zu reden, die dem anderen angenehm sind. Es ist eine – im besten Sinne des Wortes – vertrauensbildende Maßnahme. Das bedeutet in der Konsequenz, auch solche Themen auszusparen, die wahrscheinlich zu Kontroversen oder Peinlichkeiten führen könnten. Politik, Finanzthemen, Familienverhältnisse oder anwesende Menschen sollten deshalb nur mit allergrößter Vorsicht gestreift werden. Als Gastgeber erleichtern Sie den „Smalltalk" Ihrer Gäste, wenn Sie beim Vorstellen nicht nur die Namen, sondern auch einige persönliche Merkmale erwähnen.

Die Eröffnungsfrage

Um einen „Smalltalk“ zu eröffnen, bietet es sich an, die Form der Frage zu wählen, z. B.

- „Ich hoffe, Sie hatten eine gute Anreise?“
- „Ein angenehmes Wetter heute, nicht wahr?“
- „Kann ich Ihnen behilflich sein?“

Sinnvoll ist es, in einem zweiten Schritt offene Fragen zu stellen, die nicht mit einem „Ja“ oder „Nein“ zu beantwortet sind, sondern sich als Gesprächsbrücken erweisen:

- „Wie denken Sie über das Thema?“
- „Was gefällt Ihnen an dieser Musik so besonders?“
- „Was interessiert Sie an diesem Problem?“

TOP

Lassen Sie „Versuchballons“ steigen: Schneiden Sie Themen an, für die der andere sich wahrscheinlich interessiert.

Und das christliche Zeugnis?

Die Tatsache, dass Jesus uns als „Menschenfischer“ sendet, entbindet uns nicht vom geistlichen Einfühlungsvermögen. Oft ist ein erstes kurzes Gespräch einfach zu früh, um einen evangelistischen Dialog zu führen. Vom Missionswissenschaftler Paul E. Little stammt der Satz: „Der Wurm muss nicht dem Angler schmecken, sondern dem Fisch.“ Deshalb braucht gerade das missionarische Zeugnis ein Höchstmaß an Sensibilität. Was wir deshalb im „Smalltalk“ durchaus tun können, ist – im Bild gesprochen – einige „Leinen“ auszuwerfen. Erwähnen Sie z. B. beiläufig, dass Sie

- mit Ihrem Kirchenchor bald ein interessantes Konzert geben
- eine fantastische Predigt über das angesprochene Thema gehört haben
- Ihre Kinder nächstes Wochenende auf eine Gemeinde-Freizeit fahren werden etc.

So positionieren Sie sich unaufdringlich als Menschen mit einem Zugang zu christlichen Themen. Aus diesen Informationen ergeben sich oft wie von selbst weitere Gespräche.

Verwechseln Sie Schweigsamkeit nicht mit Desinteresse. Bei manchen Leuten muss man sich etwas mehr Mühe geben.

FLOP

Die Kunst des Zuhörens

„Wer Ohren hat …"

Schon Jesus fügt seinen Reden immer wieder die Aufforderung bei: „Wer Ohren hat, soll gut zuhören" (Matthäus11,15). Und wie schmerzhaft schlechtes Zuhören wirken kann, drückt Hiob im Alten Testament gegenüber seinen Freunden deutlich aus: „Wenn ihr doch einmal richtig hören wolltet! Denn damit könntet ihr mich wirklich trösten!" (Hiob 21,2).

Aktives Zuhören

Gutes Zuhören ist ein Zeichen des Respekts

Aufmerksames Zuhören ist mehr als bloßes Schweigen. Gutes Zuhören wird seit Menschengedenken immer als deutliches Zeichen des Respekts verstanden. Während man beim passiven Schweigen einfach den Mund hält und still ist, kommt es beim aktiven Zuhören darauf an, dem Gesprächspartner durch hörbare und sichtbare Signale die eigene Anteilnahme deutlich zu machen.

Seien Sie ganz Ohr

Ein Gebot der Höflichkeit ist es, eine hörende Haltung einzunehmen, also „ganz Ohr" zu werden. Das bedeutet in erster Linie, dem anderen das Gesicht zuzuwenden und Blickkontakt herzustellen. Entsprechend können verschränkte Arme und Beine auf Dauer recht distanzierend wirken. Grundsätzlich verbietet es sich, ständig aus dem Fenster zu schauen, sich nach anderen Leuten umzudrehen oder offensichtlich nach der Uhr zu sehen. Hilfreich sind dagegen aufmunternde Signale wie Kopfnicken und folgende Zwischenbemerkungen:

- „Mm-ja …"
- „Mm-hm …"
- „Ach so …"
- „Nämlich?"
- „Ich verstehe …"
- „Ja, und …"
- „Und dann …?"
- „Interessant …"

Spiegeln Sie das Gehörte

Die Gesprächspsychologie hat gezeigt, dass der positive Fortgang einer Unterhaltung durch so genannte „Spiegelungen" unterstützt wird. Das bedeutet, das Gehörte mit eigenen Worten zu wiederholen. Versuchen Sie beim nächsten Gespräch einmal, einen der folgenden „spiegelnden Sätze" anzubringen. Ihr Gegenüber wird es Ihnen danken:

- „Mit anderen Worten, Sie denken …"
- „Habe ich Sie richtig verstanden, dass …"
- „Ich habe den Eindruck, Sie meinen …"
- „Sie glauben also, dass ..."

TOP

Sie werden von einem Dritten unterbrochen? Entschuldigen Sie sich, dann wenden Sie sich wieder dem anderen zu.

Besserwisser und Dauerredner

Jeder kennt sie, jeder fürchtet sie: Menschen, die durch ausschweifende Reden unsere Zeit stehlen. Zwar meinte der griechische Philosoph Platon: „Lerne zuhören, und du wirst auch von denjenigen Nutzen ziehen, die nur dummes Zeug reden." Doch irgendwann hat auch das eine Grenze.

Beenden Sie unangenehme Gespräche gekonnt und freundlich. Begründen Sie das Ende Ihrer Unterhaltung mit dem, was Sie in den nächsten Minuten tun werden.

- „Ich möchte mich jetzt verabschieden, denn …"
- „Ich möchte unser Gespräch nun beenden, denn …"
- „Es war gut mit Ihnen zu reden, aber ich muss …"

Gähnen, Augendrehen oder starre Gesichtszüge verunsichern den Gesprächspartner.

FLOP

Freundlich „Nein" sagen

Biblische Eindeutigkeit

Wer kennt solche Situationen nicht? Wir werden um einen Gefallen gebeten oder zu einer Veranstaltung eingeladen, doch anstatt deutlich „Nein“ zu antworten, flüchten wir uns in ein nebulöses „Vielleicht“. Aus Angst, den anderen zu verletzen oder einen Kratzer am eigenen Image zu erleiden, fürchten wir die ehrliche Antwort. Doch die Fähigkeit „Nein“ zu sagen, ist für die eigene Seele auf Dauer gesünder. Und diese Art der klaren Kommunikation entspricht auch dem christlichen Lebensstil. Das Jesus-Wort ist bekannt: „Sagt einfach Ja oder Nein; jedes weitere Wort stammt vom Teufel“ (Matthäus 5,37).

Wer auch „Nein" sagen kann, gewinnt Respekt und Achtung

Doch wie sage ich das „Nein“, wenn ich den anderen nicht dabei verlieren will? Die Wahrheit will ja nicht – nach einem Wort des Schweizer Schriftstellers Max Frisch – wie ein nasses Tuch um den Kopf geschlagen, sondern als ein Mantel hingehalten werden, damit man hineinschlüpfen kann.

Ehrliche Gründe nennen

Damit ein „Nein“ auf den anderen nicht wie eine Ohrfeige wirkt, gibt es ein paar einfache Hilfen: Wenn es möglich ist, geben Sie den ehrlichen Grund Ihrer Ablehnung an. In einer Zeit, in der billige Ausreden und schale Ausflüchte an der Tagesordnung sind, wirkt die Wahrheit Wunder.

Sagen Sie nicht: „Ich kann heute leider nicht kommen. Meine Frau wird mir das an unserem Hochzeitstag nie verzeihen.“ Antworten Sie vielmehr: „Leider kann ich heute nicht dabei sein. Wir haben heute unseren Hochzeitstag, und deswegen möchte ich den Abend gerne mit meiner Frau verbringen.“ Wenn Sie jemand zu einem todlangweiligen Film einlädt, schieben Sie nicht eine mögliche Migräne vor, sondern sagen Sie, wie es ist: „Mit dieser Sorte von Filmen kann ich nicht so viel anfangen. Vielleicht geht es ja ein anderes Mal.“

Um Bedenkzeit bitten

Wenn Sie den Eindruck haben, der andere sei mit einem direkten „Nein" gegenwärtig überfordert, bitten Sie ihn um Zeit, um über die Sache nachdenken zu können. Sagen Sie, dass Sie noch eine Nacht darüber schlafen möchten oder mit dem Ehepartner darüber sprechen werden. Deuten Sie aber einen festen Termin für Ihre Antwort an. Diese Haltung federt Ihr späteres „Nein" etwas ab und hilft dem anderen, sich mit dieser Situation schon einmal auseinander zu setzen.

TOP

Wenn Sie „Nein" sagen, halten Sie Blickkontakt.

Die Absicht loben

Manchmal werden wir nach unserer Meinung zu einem sinnloses Geschenk oder einem wenig schmackhaften Essen gefragt. Es wäre mehr als unhöflich, hier ohne Umschweife unser persönliches Empfinden zu äußern. Um nicht zu lügen, ist es ein guter Ausweg, nicht das Ergebnis der Bemühung, sondern die Bemühung selbst zu würdigen.

Alternativen helfen

Dem anderen einen Ausweg zu zeigen, wie er seine Lage lösen kann, verleiht Ihrem „Nein" wahre Flügel. Nennen Sie konkrete Personen, Ansprechpartner oder Telefonnummern, die weiterhelfen können. So bleiben Sie nicht Teil des Problems, sondern werden ein wichtiger Baustein zur Lösung. Oder bieten Sie zeitliche Alternativen an. Antworten Sie, dass Sie so kurzfristig nicht zusagen können, wohl aber im nächsten Monat die nötige Zeit zur Verfügung hätten.

Nein mit Ja verbinden

Die höchste Kunstfertigkeit ist es, ein klares „Nein" zur Sache zu sagen, aber gleichzeitig ein deutliches „Ja" zur Person zu vermitteln. Lassen Sie Ihr Gegenüber fühlbar spüren, dass Sie mit Ihrer Ablehnung nicht ihn selbst meinen. Ein guter Weg ist es hierbei, dem anderen z. B. dafür zu danken, von ihm gefragt zu werden:

- „Ich danke dir, dass du mit dieser Bitte zu mir kommst. Leider ..."
- „Es bedeutet mir viel, dass du gerade mir dieses Angebot machst. Unglücklicherweise ..."

Meiden Sie eine laute oder gereizte Stimme bei Ihrer Ablehnung.

FLOP

Komplimente machen

Stirbt das Kompliment aus?

Diese Frage stellt der äthiopische Prinz Asfa-Wossen Asserate in seinem 2003 erschienenen Bestseller „Manieren". Und die Frage ist nur allzu berechtigt. Loben steht zwar hoch im Kurs, ist aber doch heute meist etwas anderes als ein Kompliment. Das Lob dient in aller Regel dazu, den anderen zu ermutigen, ist also ein erzieherisches Mittel, um bestimmte Eigenschaften zu verstärken. Und so trifft man das Lob oft dort an, wo die Beziehung klar geregelt ist: Die Eltern loben das Kind, die Lehrer loben den Schüler und der Vorgesetzte lobt den Mitarbeiter. Das Kompliment ist dagegen zweckfrei, es ist – im Idealfall – ein Ausdruck der geteilten Freude. Und seine therapeutische Wirkung kennt schon das Alte Testament: „Freundliche Worte sind wie Honig: süß für den Gaumen und gesund für den ganzen Körper" (Sprüche 16,24).

Das Kompliment ist zweckfrei

Komplimente sind nicht kompliziert

Komplimente können Sie für fast alles formulieren. Angenommen Sie sind zu Besuch: Gratulieren Sie dem Gastgeber zum schönen Vorgarten, erwähnen Sie sein beeindruckendes Bild im Flur, oder loben Sie seine mit Sorgfalt ausgewählte CD-Sammlung. Wer die Augen ein wenig öffnet, findet schnell einen Anlass: die Wohnung, den Beruf, die Kleidung, den Wagen usw.

Besonders wertvoll sind Komplimente, die sich nicht nur auf äußere Gegenstände, sondern auf den inneren Charakter des Menschen beziehen. Bemerken Sie also das nette Lächeln, die Gelassenheit, den guten Geschmack oder die Großzügigkeit des anderen. Eine Aussage wie „Das haben Sie sehr schön gesagt" tut den allermeisten Menschen gut.

Ehrlich bleiben

Komplimente wirken nur, wenn sie auch tatsächlich stimmen. Einem fülligen Menschen zu seiner guten Figur zu gratulieren oder bei einem Todkranken die angeblich gesunde Gesichtsfarbe hervorheben – das passt nicht und wirkt wie Hohn. Nennen Sie aber nicht nur das, was offensichtlich ist. Suchen Sie nach den verborgenen Stärken.

Grenzen wahren

Wer einmal registriert hat, wie dankbar Menschen für Komplimente sind, wird immer wieder nach Gelegenheiten Ausschau halten, um Komplimente auszuteilen. Dabei sollten allerdings die Regeln der Diskretion und Behutsamkeit nicht überschritten werden. Manche Komplimente (z. B. die den Körper betreffen) setzen schon eine gewisse Intimität voraus.

TOP

Nehmen Sie sich bewusst vor, am besten schriftlich, jeden Tag drei Komplimente weiterzugeben.

Wie nimmt man Komplimente an?

Vielen Menschen fällt es schwer, ein Kompliment anzunehmen. Manche schämen sich gar, erröten, lehnen ab oder kritisieren sich im Gegenzug. Das ist nicht nur falsch verstandene Bescheidenheit, sondern nimmt auch den nicht ernst, der das Kompliment weitergibt. Vielleicht ist gerade diese Abwehrhaltung ein Zeichen dafür, wie ungewohnt Komplimente in unserer Zeit geworden sind.

Als Entgegnung bieten sich Antworten an, wie z. B.:

- „Danke."
- „Schön, dass es Ihnen gefällt."
- „Das freut mich sehr."
- „Das höre ich gerne."

Fishing for compliments

So bezeichnet der Engländer die Haltung von Menschen, die nach Komplimenten Ausschau halten und nach ihnen geradezu angeln. Eine besonders raffinierte Variante ist es dabei, die eigenen Schwächen zu betonen, damit andere widersprechen müssen und so Komplimente ausdrücken. Die Erfahrung lehrt aber: Der einfachste Weg, freundliche Worte zu hören, sind weder das sehnsüchtige Warten noch die geheuchelte Demut, sondern praktizierte Freundlichkeit. „Wie wir in den Wald hineinrufen", pflegte meine Mutter zu sagen, „so schallt es heraus."

Aus Mitleid Komplimente machen? Besser ist, nichts zu sagen.

FLOP

Zauberwort „Entschuldigung"

Ein schweres Wort

Es fällt uns nicht leicht, einen anderen Menschen um Entschuldigung zu bitten. Der britische Popmusiker Elton John hat es sehr einfühlsam ausgedrückt: „Sorry seems to be the hardest word" („‚Entschuldigung' ist vielleicht das schwerste Wort"). Für Christen liegt in der Vergebung, die Gott ihnen schenkt, die Kraft, um Entschuldigung zu bitten und sie natürlich auch selber anzunehmen. Jesus geht sogar in der Bergpredigt so weit, dass er die göttliche Vergebung an die menschliche Vergebungsbereitschaft bindet (Matthäus 6,15).

Bitten höflich einleiten

Die Fähigkeit sich zu entschuldigen liegt in der Erfahrung von Gottes Vergebung

Die einfachste Form der Entschuldigung ist wohl die, eine Bitte um Hilfe freundlich einzuleiten. Trotzdem ist auch sie heute nicht mehr selbstverständlich. Wende ich mich bei der Wegsuche an eine fremde Person, sage ich nicht barsch: „Wo ist der Weg zum Theater?", sondern bitte höflich um Auskunft: „Entschuldigung, können Sie mir bitte zeigen, wie ich zum Theater komme?" Gleiches gilt für das Kaufhaus, in dem ich mich beim Verkäufer nach einem Produkt erkundige, für den Sitznachbarn, den ich nach der Uhrzeit frage usw. Muss ich jemanden im Gespräch unterbrechen, leite ich dies auch mit einem „Verzeihen Sie" bzw. „Verzeihung" ein.

Billige Entschuldigungen

Es kann überall passieren: Wir rempeln im Gedränge jemanden an oder treten einer Person auf die Füße. Ziemlich unfreundlich wirken in solchen Fällen Aussprüche wie „Pardon", „Tschuldigung", „Sorry" oder gar „Dumm gelaufen". Hier sollte ich mir schon die Mühe geben, einen vollständigen Satz zu formulieren. Denkbar wäre z .B.:

- „Entschuldigen Sie bitte."
- „Verzeihen Sie bitte."
- „Ich bitte um Verzeihung."

Verantwortung übernehmen

Viel unangenehmer ist es, wenn wir jemandem nicht nur auf den Fuß, sondern auch auf die Seele getreten haben. Hier hilft nur eines: sich einen Ruck geben und den anderen um Verzeihung bitten. Dabei kommt alles darauf an, nicht andere für die eigenen Fehler verantwortlich zu machen, sondern zu seinem Fehler zu stehen. Suchen Sie nicht nach einer Ausflucht. Das mindert Ihre Reue. Sagen Sie: „Es tut mir sehr Leid." Überhaupt: Rechtfertigungen klingen meistens wie Ausreden. Erzählen Sie bei Ihrer nächsten Unpünktlichkeit deshalb nicht: „Ich bin zu spät, denn es war so viel Verkehr ..." Viel besser klingt es, wenn Sie ehrlich sagen: „Es tut mir Leid, dass ich zu spät komme. Ich hätte den starken Verkehr einberechnen sollen und früher von zu Hause losfahren müssen."

TOP

Die Entschuldigung kennt keine Grenze: Falls nötig, tun es auch Eltern bei ihren Kindern und Vorgesetzte bei ihren Mitarbeitern.

Präzision

Vermeiden Sie diffuse Umschreibungen wie: „Ich schätze, ich habe nicht ganz der Wahrheit entsprechend über dich geredet." Nennen Sie die Dinge ruhig beim Namen. Das macht Ihre Bitte um Verzeihung ehrlich und annehmbar. Klingt es nicht besser, wenn Sie sagen: „Es tut mir Leid, dass ich so negativ über dich geredet habe. Ich möchte um Entschuldigung bitten." Wer kann einer solchen Bitte dann noch widerstehen?

Schriftlich?

Es gibt auch Situationen, in denen eine bloß mündliche Entschuldigung nicht ausreichend scheint. Dann ist es angebracht, mit einem Brief oder einer E-Mail das erste Eis zu brechen, um dann ggf. in einem zweiten Schritt das Gespräch zu suchen. Zuweilen verleiht man der Bitte um Verzeihung auch eine besondere Ernsthaftigkeit, wenn sie verbunden wird mit Blumen, einem kleinen Geschenk, einer Einladung oder einem Essen zu zweit. Hier ist nicht der finanzielle Wert ausschlaggebend, sondern die persönliche Note.

Ich kann nicht sagen: „Ich entschuldige mich", es sollte heißen: „Ich bitte um Entschuldigung."

FLOP

Witze und Anekdoten erzählen

In der Bibel wird gelacht

Wer den Film „Der Name der Rose“ nach dem gleichnamigen Roman des italienischen Schriftstellers Umberto Eco gesehen hat, weiß, dass in der alten Kirchengeschichte hart über die Frage gestritten wurde, ob Lachen eine Sünde oder eine Gabe Gottes sei. Heute meinen wir, sicherer zu sein: Unser Gott hat Humor.

Das Lachen gehört wie das Weinen zum Leben dazu (Prediger 3,4). Und keine Geringere als Abrahams Frau Sara empfängt das Lachen als Gottesgeschenk (1. Mose 21,6). Doch neben dieser Feststellung bleibt die spannende Frage, wie wir uns gegenseitig zum Lachen verhelfen können.

Der Gott der Bibel hat Humor

Sehr lustig

In größerer Runde bieten sich zur Erheiterung auch Anekdoten an. Im Gegensatz zum Witz handelt es sich hier um wahre Begebenheiten. Am lebendigsten wirken natürlich persönliche Erlebnisse. Schöne historische Anekdoten finden Sie z. B. bei Mark Twain oder Winston Churchill. Von Letztgenanntem wird erzählt, er hätte wohl doppelt so lange leben müssen, wenn alle Anekdoten wahr wären, die man ihm heute noch nachsagt. Und dann gibt es natürlich die vielen bekannten und unbekannten Typen aus unserem eigenen Gesichtskreis. Jede Familie, Gemeinde und Kirche weist solche humorigen Figuren auf, und sie gilt es, immer wieder dem Vergessen zu entreißen.

Der Theologe C.H. Spurgeon hat bekanntlich gesagt, viele Christen eigneten sich gut als Märtyrer. Seine Begründung: Sie seien so „trocken“, dass sie wunderbares Brennmaterial abgäben! Vielleicht gelingt es uns ja doch noch, den Gegenbeweis zu erbringen.

Kennen Sie den?

In kleinem Kreis ist ein guter Witz ein wahres Fest. Doch über Witze zu lachen ist das eine, viel schwieriger ist es, selber welche zu erzählen. Das Problem fängt schon damit an, dass uns bei entsprechender Gelegenheit oft keiner einfällt. Sigmund Freud hat dieses Phänomen dahingehend interpretiert, dass Witze oft heikle Themen berühren, die deshalb von unserem Unterbewusstsein, dem inneren Richter, verboten werden.

Um dem abzuhelfen sollte man sich ein kleines Repertoire an hübschen Witzen und Geschichten zurechtlegen. Das geht in aller Regel nur durch konsequentes Einprägen. Vielleicht kann ein Eintrag in das persönliche Notizbuch Hilfestellung leisten. Beim Erzählen von Witzen ist es sinnvoll, ein paar einfache Regeln zu beachten:

- Nehmen Sie Abstand von allen Witzen, die auf Kosten anderer gemacht werden. Viele Witze kreisen um Randgruppen, Ausländer usw. Zeigen Sie, dass Sie es besser können. Dieser Grundsatz ist nicht schulmeisterlich gemeint, sondern fußt auf einer christlichen Höflichkeit.
- Achten Sie auf Ihre Hörerschaft. Manches, was unter vier Augen erzählt wird, verschweigt man besser in der Gruppe.
- Jeder Witz ist ein Wagnis. Wir wissen ja nicht, ob der Witz, den wir zum Besten geben, bekannt ist und tatsächlich zündet. Nicht wenige lachen dann aus Unsicherheit selber als Erste los. Tun Sie das niemals. Das ist so, als ob Sie eine Rede führen und anschließend anfangen, sich selbst zu beklatschen. Halten Sie die Spannung aus und warten Sie auf das Echo.
- Testen Sie sicherheitshalber Ihre Witze vorher bei einem Freund oder Ihrem Ehepartner aus. Hier können Sie die Probe aufs Exempel machen. Auf diese Weise werden Sie vor Schlimmerem bewahrt.

TOP

Worüber freut sich Gott wohl mehr? Über tiefe Sorgenfalten oder kleine Lachfältchen als Ausdruck eines erlösten Lebens?

Bloß kein Witzbold werden

Wer hier und da heitere Beiträge erzählen kann, ist ein geschätzter Mensch. Wer das hingegen immer tut, handelt sich schnell den Ruf eines Witzboldes ein, was nicht immer vorteilhaft ist. Seien Sie deshalb vorsichtig. Denken Sie an den einzigen trinkbaren Witz, der auch nur in kleinen Portionen verträglich ist: den Slibowitz.

Hüten Sie sich, Witze zu wiederholen. Fragen Sie besser vorher nach, ob er schon bekannt ist.

FLOP

Jüngere und Ältere

Ein uralter Konflikt

Die Menschheitsgeschichte kennt viele tragische Beispiele, die veranschaulichen, dass ältere Menschen auf Schutz angewiesen sind. In dem Grimm'schen Märchen „Der alte Großvater und der Enkel" wird dieser Konflikt ergreifend erzählt: Um ihrem alten Vater nicht mehr beim Essen zuschauen zu müssen, verbannen Sohn und Schwiegertochter ihn in die Ecke hinter den Ofen. Als dem Alten auch noch der Teller zerbricht, schimpfen sie und kaufen für ihn eine billige Holzschüssel. Eines Tages sitzen die Eltern zusammen und schauen ihrem Sohn zu, wie er kleine Bretter zusammensetzt. Auf die Frage des Vaters „Was machst du da?", antwortet das Kind: „Ich mache ein Tröglein. Daraus sollen Vater und Mutter essen, wenn ich groß bin." Da sehen sich Mann und Frau eine Weile an, fangen an zu weinen, holen den alten Großvater an den Tisch und lassen ihn von nun an immer mitessen.

Die Ehrerbietung der Jüngeren gegenüber den Älteren gehört zum Zentrum der christlichen Höflichkeit

Komplott oder Ehrerbietung?

In seinem 2004 erschienenen Buch „Das Methusalem-Komplott" stellt Frank Schirrmacher unserer Gesellschaft im Umgang mit älteren Menschen ein erschreckend schlechtes Zeugnis aus. Für ihn zeichnet sich immer stärker ein „Altersrassismus" ab, mit dem die Jungen das Lebensrecht der Alten in Frage stellen. Als Lösung empfiehlt er das „Methusalem-Komplott", eine gemeinsame „Verschwörung" der Älteren, um zu überleben. Tatsächlich: Wo das Alter nicht geachtet wird, gedeihen Ängste und Konflikte. Im biblischen Verständnis kann aber ein Mensch nicht ausschließlich an seiner Produktionskraft gemessen werden. „Weiße Haare" sind, so heißt es im Buch der Sprichwörter, ein „ehrenvoller Schmuck" (Sprüche 16,31). Die Ehrerbietung der Jüngeren gegenüber den Älteren ist ein Herzstück der biblisch verstandenen Höflichkeit.

Das Alter ehren

- Bieten Sie einem älteren Menschen immer einen Platz an, und sei es der eigene.
- Stehen Sie immer auf, wenn ein älterer Mensch den Raum betritt.

- Besuchen Sie alt gewordene Menschen aus Ihrer Nachbarschaft, Firma oder Gemeinde lieber kurz, aber dafür öfter. Bringen Sie eine Kleinigkeit mit, die Ihr Interesse ausdrückt.
- Laden Sie ältere Menschen zu sich nach Hause ein. Achten Sie auf leichte Kost, die gut verträglich ist. Helle und lichte Räume helfen, sich besser zu orientieren. Und wichtig: Die Toilette sollte benutzbar sein.
- Sprechen Sie niemals einen älteren Menschen einfach mit „Du“ oder gar mit „Oma“ oder „Opa“ an.
- Bieten Sie an, beim Arztbesuch oder Einkauf behilflich zu sein. Auch beim behördlichen Briefverkehr sind manche Senioren überfordert.
- Sprechen Sie gut hörbar, in einfachen, kurzen Sätzen. Seien Sie bei den Antworten geduldig.

TOP

Dem Älteren wird zuerst der Jüngere vorgestellt, nicht umgekehrt.

Wunderliche Alte?

Oft verändern die Menschen im Alter ihr Verhalten. Einzelne Charaktermerkmale prägen sich weiter aus, andere verlieren sich ganz. Neben der Altersweisheit gibt es leider auch den Altersstarrsinn. Und manchmal passiert es auch, dass das Alter als Freibrief zur Tyrannei missverstanden wird. Darüber sollten wir, so weit es in unserer Macht steht, großzügig hinwegsehen. Denn wollen Sie die Hand dafür ins Feuer legen, wie sich Ihr Benehmen einmal entwickeln wird?

Eine seniorenfreundliche Gemeinde

In einer lebendigen Gemeinde kommt es manchmal zu Spannungen zwischen den Generationen. Das liegt in der Natur der Sache. Wo junge Leute sind, wird bisher Bewährtes in Frage gestellt und werden neue Wege ausprobiert. Das ist auch gut so. Achten Sie aber gleichzeitig darauf, dass Ihre Gemeinde den Ruf erhält, eine seniorenfreundliche Gemeinde zu sein. Bieten Sie regelmäßige Seniorentreffen an. Veranstalten Sie Tages- und Wochenendausflüge, die seniorengerecht konzipiert sind. Integrieren Sie Ihre Senioren in den Kindergarten oder den Kindergottesdienst, schaffen Sie Begegnungsebenen zwischen Jung und Alt. Und: Organisieren Sie einen Besuchs- und Hilfsdienst für Menschen, die ihr Haus nicht mehr verlassen können.

Einen älteren Menschen nach seinem Alter zu fragen ist wenig höflich.

FLOP

Frauen und Männer

Altmodische Bibel?

„Seid rücksichtsvoll zu euren Frauen!", schreibt Petrus. „Bedenkt, dass sie der schwächere Teil sind. Achtet und ehrt sie; denn sie haben mit euch am ewigen Leben teil, das Gott schenkt" (1. Petrus 3,7). Auf den ersten Blick mag uns diese Art der Ehrerbietung antiquiert erscheinen. Sie wird aber sofort lebendig, wenn wir bedenken, dass gerade in der Antike der Wert der Frau sehr gering war. Die Aufforderung, die Frau besonders zu ehren, besaß daher einen geradezu revolutionären Charakter! Und in der Begegnung mit anderen Religionen, z. B. mit dem Islam oder dem Hinduismus, entfaltet diese Ehrerbietung auch heute noch ihre missionarische Ausstrahlungskraft. Kein Zweifel: Die Forderung nach der Gleichberechtigung der Frau ist ohne das christliche Gedankengut gar nicht vorstellbar.

„Ladys first" ist ein christliches Motto

Damen und Frauen

Im englischen Motto „Ladys first" lebt diese besondere Wertschätzung der Frau auch heute noch fort. Der etwas selten gewordene Begriff der „Dame" von der lateinischen Bezeichnung „Domina" („Herrin") bringt diese Achtung zum Ausdruck, ebenso wie die heute geläufige Anrede „Frau", die ja ursprünglich vom mittelalterlichen „frouwe" („Herrin") herkommt.

Einige Grundregeln

Das höfliche Benehmen des Mannes gegenüber der Frau kennt viele Gesichter. Wer ein wenig nachdenkt, wird überrascht sein, wie sehr unser gesellschaftliches Leben von dieser Ehrerbietung geprägt ist. Hier einige Beispiele:

- Ein Mann lässt der Frau immer den Vortritt, es sei denn, sie betreten gemeinsam Geschäfte oder Gasthäuser: Dann geht er vorneweg.
- Im Gespräch werden nur Themen aufgegriffen, die auf das Interesse der Frau stoßen.
- Den weiblichen Gästen wird zuerst serviert, sei es zu Hause oder im Restaurant.
- Beim Essen wartet man darauf, dass die Frau das Zeichen zum Beginn gibt. Sie wird grundsätzlich gefragt, ob man rauchen darf oder die Musik lauter schalten kann.

- Es ist nicht angemessen, dass der Mann eine Frau nach ihrem Alter fragt.
- Im privaten Rahmen (Restaurant, Kino, Theater etc.) übernimmt in aller Regel er die Ausgaben für sie.
- Steht sie auf und verlässt den Raum, erhebt sich der Mann.
- An der Garderobe hilft er der Frau, den Mantel anzuziehen. Er legt zuerst ab und zieht sich auch zuerst an, ehe er behilflich ist.
- Normalerweise begleitet ein Mann die Frau auf ihrer linken Seite. Denn in längst vergangenen Zeiten trug er an seiner linken Seite einen Degen zum Schutz. Gehen beide auf einem Bürgersteig, dann tritt er natürlich an die Straßenseite. Sind es zwei Männer, so nehmen sie die Frau in ihre Mitte.
- Trägt die Frau einen Koffer oder einen schweren Gegenstand, dann bietet der Mann an, die Last zu tragen.
- Regnet es, spannt der Mann den Schirm auf und hält ihn der Frau.
- Immer wird die Frau nach einer gemeinsam Veranstaltung nach Hause gebracht. Umwege und dadurch entstehende Verspätungen werden selbstredend in Kauf genommen. Alles andere ist inakzeptabel.
- Fährt man gemeinsam mit dem Wagen, öffnet er der Frau die Wagentür und setzt sich erst dann auf den Fahrersitz.

TOP

„Der Umgang mit Frauen ist das Element guter Sitten" (Johann Wolfgang von Goethe).

Jeder Mann ein Gentleman

Natürlich gibt es bei den genannten Verhaltensweisen auch ein Gefälle. Jüngere Menschen sind stärker partnerschaftlich orientiert als Ältere, in der Firma gibt es mehr Gewohnheiten als bei öffentlichen Anlässen, Frischverliebte werden anders reagieren als Langverheiratete. Doch das Ideal für den Mann, und erst recht des christlichen, ist das des Gentleman. „Gentle" bedeutet so viel wie freundlich, angenehm und höflich. Das beinhaltet auch, dass ein Mann sich allen anderen Menschen gegenüber so verhält.

In Anwesenheit Dritter wird von einer älteren Frau nicht als „Frau", sondern als „Dame" gesprochen.

FLOP

Ehepartner

Ehe es zu spät ist

Theologen nennen die Ehe eine „Schöpfungsordnung", weil das Zusammenleben von Frau und Mann von Gott selbst gewollt ist. Gelingt die Ehe, sprechen wir von einem „Himmel auf Erden", glückt sie nicht, kann sie schnell zu einem „Vorort der Hölle" mutieren. Nicht umsonst stellt die Bibel die Ehe in den Zehn Geboten unter einen besonderen Schutz (2. Mose 20,4). Nun gibt es sicher unzählige Bücher und Seminarangebote zum Thema Ehe. Sie alle ersetzen aber nicht die einfachsten Regeln der Höflichkeit. Und wer sie übersieht, dem können auch keine teuren Therapeuten helfen.

Nichts kann die Höflichkeit in der Ehe ersetzen

Sprachen der Liebe verstehen

Menschen neigen dazu, unterschiedliche Sprachen der Liebe zu sprechen und zu verstehen. So drückt der eine Ehepartner seine Zuneigung durch Zuverlässigkeit aus, ohne viel Worte zu machen. Der andere legt sehr wohl Wert darauf, dass liebevolle Worte das Miteinander prägen. Ehepaare sollten diese Unterschiede kennen und sich darauf einstellen, ansonsten kann es zu unangenehmen „Sprachstörungen" kommen.

Äußerlichkeiten

20

„Liebestöter" nannten früher die Frauen die baumwollenen Unterhosen ihrer Männer, die bis zu den Knien reichten. Ähnlich stimmungsschwächende Kleidungsstücke gibt es auch heute noch. Wer nach Hause kommt, sich alles vom Leibe reißt und nur noch im ausgeleierten Jogginganzug herumläuft, darf sich über abnehmende Attraktivität nicht wundern. Sicher gibt es einen Wechsel von Berufs- und Freizeitkleidung, aber das ist kein Freibrief für Schlampigkeit. Im Gegenteil: Gerade in der Ehe kommt es darauf an, sich nicht gehen zu lassen, sondern für eine höfliche und respektvolle Atmosphäre zu sorgen.

Pünktlichkeit

Wie im restlichen Leben ist Pünktlichkeit auch in der Ehe Höflichkeit in Konzentration. Das hat nicht nur etwas mit angeheizten Backöfen und warmen Speisen zu tun, die kalt zu werden drohen. Wer sich auf einen Termin einstellt, ist in aller Regel enttäuscht, wenn die Zeit nicht eingehalten wird. Mag sein, dass es in südlicheren Ländern anders zugeht, aber so ist es nun einmal bei uns. Deshalb sollte der Ehepartner nie sitzen gelassen werden. Wird eine Verspätung offensichtlich, dann ruft der eine den anderen früh genug an. Das ist das Mindeste.

TOP

Interessante Neuigkeiten sollte zuerst der Ehepartner erfahren.

Freiräume lassen

Ehe bedeutet Nähe. Diese Nähe bleibt aber auf Dauer nur lebendig, wenn es zwischendurch immer wieder Freiräume gibt. Jeder Ehepartner hat vielleicht ein spezielles Hobby oder ein Interesse, das der andere so nicht teilt. Tödlich für die Beziehung wäre es nun zu fordern, diese Vorlieben einfach aufzugeben. Wenn nun z. B. der eine Ehepartner mit Kollegen einen fröhlichen Abend verbringt, dann ist das kein Grund zur Eifersucht oder für eine vorwurfsvolle Haltung. Gleiches lässt sich für den persönlichen Brief- oder E-Mail-Verkehr sagen. Das hat nun gar nichts mit Geheimniskrämerei in der Ehe zu tun, sondern mit der Ehrerbietung, die ich dem anderen gegenüber aufbringe.

Inseln der Romantik ansteuern

Ein Beerdigungsunternehmer meinte einmal wehmütig, dass manche Menschen erst zu ihrer Beerdigung schöne Blumen erhalten. Sorgen Sie dafür, dass es in Ihrer Ehe anders zugeht. Kleine Geschenke erhalten die Freundschaft, sagt der Volksmund, und romantische Aufmerksamkeiten stützen die Ehe. Anrufe von unterwegs, Blumen und andere Mitbringsel, spontane Restaurantbesuche, Zeit für Gespräche, ein gemeinsamer Tee oder ein prickelnder Sekt – alles das kostet nicht die Welt und ist doch so wichtig. Es sind die kleinen Dinge, die zählen.

Im Beisein anderer spricht man niemals über die Fehler seines Ehepartners.

FLOP

Eltern und Kinder

Erziehung – ein Dauerthema

„Vater werden ist nicht schwer, Vater sein dagegen sehr“, schrieb Wilhelm Busch 1877. Stimmt. Auch die biblischen Schriften gehen immer wieder auf die Herausforderung ein, Kinder zu erziehen. „Ihr Kinder“, schreibt Paulus an die Gemeinde Ephesus, „gehorcht euren Eltern, wie es der Gemeinschaft mit dem Herrn entspricht; denn so ist es recht“ (Epheser 6,1). Dass diese Erziehung aber keine Einbahnstraße ist, betont Paulus ebenso: „Ihr Väter, behandelt eure Kinder nicht so, dass sie widerspenstig werden! Erzieht sie mit Wort und Tat so, wie es dem Herrn gemäß ist“ (Epheser 6,1.4).

Nicht die Worte, sondern der Alltag prägt die Familie

Zwei Fundamente: Vorbild und Konsequenz

Unhöfliche Menschen sind auf Dauer für ihre Umwelt recht anstrengend. In einem solchen Fall sprechen wir manchmal von der „guten Kinderstube“, die wohl gefehlt hat, und bringen damit zum Ausdruck, dass der Grundstein für die Höflichkeit in den ersten Jahren der Erziehung gelegt wird. Allerdings reicht es nicht aus, Gebote und Verbote laut zu predigen, entscheidend ist für Kinder vielmehr der Alltag der Familie. Wenn die Eltern regelmäßig andere Menschen als „Deppen“ bezeichnen, dürfen sie sich nicht wundern, wenn ihre Kinder auch nichts daran finden, über andere Leute herzuziehen. Wer sich selbst wie ein schlaffer Beutel am Tisch herumlümmelt, darf mit großer Wahrscheinlichkeit davon ausgehen, dass die eigenen Kinder dies als Erbgut übernehmen werden. Wie dem Vorbildcharakter kommt auch der Konsequenz eine große Bedeutung zu: Wer je nach Tageslaune das eine erlaubt oder das andere verbietet, überfordert in aller Regel sein Kind.

Höflichkeit hilft

Bei alledem kommt es darauf an, dass Kinder den positiven Sinn der Höflichkeit praktisch nachvollziehen können. Zwei Stichwörter sind in diesem Zusammenhang zu nennen: Wirkung und Schönheit. Wer freundlich grüßt und sich höflich verabschiedet, wird eine „Echo-Wirkung“ feststellen können: Das freundliche Gesicht oder die höfliche Bitte lösen beim Gegenüber eine positive Reaktion aus. Höflichkeit ist ja viel mehr als eine Dressur oder äußerliche Etikette – es ist eine Haltung. Und wer sie lebt, der hat es an vielen Stellen im Leben einfach leichter. Das zweite Stichwort: Wer auf den anderen achtet, verleiht dem Leben auch einen besonderen Stil. Es ist für Kinder einfach schön, Geburtstage, Feiertage, Zeugnistage etc. als Familie festlich zu erleben. Diese Art der Höflichkeit untereinander übt eine enorme Anziehungskraft auf Kinder aus.

TOP

Eltern von unerzogenen Kindern gibt man keine Ratschläge.

Was Hänschen nicht lernt, lernt Hans nimmermehr

Höflichkeit fällt leider nicht vom Himmel, sondern muss eingeübt werden. Gerade bei Kindern lohnt es sich, Grundregeln des Miteinanders möglichst früh zu vermitteln. Dazu zählen:

- Bei der Anrede sind „Du“ und „Sie“ zu unterscheiden. Fremde werden mit „Frau Soundso“ und „Herr Soundso“ angeredet, nicht als „Oma“ oder „Onkel“ tituliert.
- Im Gespräch lassen wir andere ausreden. „Bitte“ und „Danke“ sind eiserner Bestandteil der Kommunikation. „Kraftausdrücke“ sollten vermieden werden.
- Beim Begrüßen reicht man die Hand, schaut den anderen an und sagt einen freundlichen Gruß. Dasselbe gilt für den Abschied.
- „Was gibt's zum Essen?“ ist eine häufige Kinderfrage. Das anschließende Gemeckere sollte aber keine Dauereinrichtung werden.
- „Es isst der Mensch, es frisst das Pferd. Doch heute ist es umgekehrt“, pflegte mein Vater manchmal am Tisch zu sagen. Deshalb: Vor dem Essen waschen sich die Kleinen ihre Hände, besonders dann, wenn sie draußen gespielt haben. Zum Essen benutzen wir Messer und Gabel, nicht die bloßen Hände. Gerade sitzen kann jeder lernen. Das Aufstehen vom Tisch geschieht nicht nach Lust und Laune, sondern Kinder sollten ihre Eltern um Erlaubnis fragen.
- Ordnung ist das halbe Leben. Kleidung, Betten, Schreibtische und Spielgeräte sollten möglichst bald von den Kindern selbst aufgeräumt werden.

Es klingt seltsam, wenn Kinder ihre Eltern mit Vornamen anreden. Das wird der Eltern-Kind-Beziehung auf Dauer nicht gerecht.

FLOP

Eltern und Teenager

Alles kehrt wieder

„Die Jugend von heute liebt den Luxus, hat schlechte Manieren und verachtet die Autorität. Sie wiederspricht ihren Eltern, legt die Beine übereinander und tyrannisiert ihre Lehrer", schrieb schon der griechische Philosoph Sokrates. Und auch die Bibel erwähnt die Spannungen zwischen den Generationen. Bekanntes Beispiel ist der junge Mann im Gleichnis vom „Verlorenen Sohn" (Lukas 15), der sich das Erbe seines Vaters auszahlen lässt und seine Familie verlässt.

Den Teenager verstehen

Die Teenagerzeit gehört zu den größten Herausforderungen der Eltern

Wenn Kinder erwachsen werden, gewinnt das bis dahin eher ruhige Familienleben eine neue Dynamik. Bei einigen Kindern fangen die Umbrüche bereits mit zehn Jahren an, andere geraten erst mit 13 Jahren in die Phase der Pubertät. Ein enormer Umbruch findet nun im Leben des jungen Menschen statt. Oft erkennen die Eltern ihre Kinder gar nicht wieder. Teenager neigen zu extremer Launenhaftigkeit, sind oft schwer einzuschätzen, zeigen wenig Eigeninitiative, gehen häufig auf Konfrontationskurs und verweigern nicht selten die einfachsten häuslichen Pflichten. Das ist aber nicht böser Wille, sondern Ausdruck des Erwachsenwerdens. Alles in allem eine ziemliche Herausforderung für die Eltern.

Zweite Abnabelung

Ähnlich wie bei der Geburt findet nun ein Abnabelungsprozess statt, der für beide Seiten schmerzhaft ist. Deshalb: Entlassen Sie Ihr Kind in die Freiheit und damit in die Eigenverantwortung. Achten Sie seine Entscheidungen, selbst auf die Gefahr hin, dass manche hochfliegenden Träume eine Bruchlandung machen. Oder möchten Sie alternativ lieber Söhne oder Töchter haben, die lebenslänglich auf Ihrem Schoß sitzen?

Erste und zweite Regeln

Was Sie Ihrem Kind bisher nicht an höflichem Benehmen vorgelebt haben, werden Sie schwerlich in diesen schwierigen Jahren vermitteln können. Konzentrieren Sie sich hier ganz bewusst auf Ihre Vorbildfunktion und setzen Sie auf Langzeitwirkung. Trotzdem sollten Sie auf gewisse Grundregeln nicht verzichten. Vereinbaren Sie z. B. mit Ihrem Kind, dass es Ihnen sagt, wo es sich abends aufhält, dass es nachts nicht per Anhalter fährt oder nicht bei fremden Leuten schläft. Wenn es eine Hilfe ist, unterstützen Sie den Kauf eines Handys. So können Sie auf die Schnelle manche Fragen klären. Auch die Entscheidung, ob Freunde oder Bekannte Ihres Teenagers in Ihrer Wohnung schlafen dürfen, sollten Sie sich nicht aus Ihrer Hand nehmen lassen.

TOP

Teenager gleichen zerbrechlichen Vasen: nicht zerschlagen, sondern mit Optimismus und Annahme füllen!

Ratschläge sind auch Schläge

Jeder noch so gut gemeinte Ratschlag wirkt auf Teenager oft wie ein Affront. Nehmen Sie deshalb die darauf folgende Abwehr nicht persönlich. Das ist der Lauf der Welt. Wenn Ihr Kind zum Beispiel keine Lust hat, die Hausarbeit zu machen oder die Spülmaschine auszuräumen, bleiben Sie freundlich. Versuchen Sie Ihr Kind zu ermutigen, denn Entmutigung und Unsicherheit sind ein vorherrschendes Gefühl in dieser Phase.

Offen für Verschlossenheit

Verschlossene Gesichter und geschlossene Türen sind ein Zeichen des Rückzugs und der Entwicklung. Dringen Sie deshalb nicht zu sehr auf Ihr Kind ein. Platzte man früher in die Kinderzimmer einfach so herein, sollte das Anklopfen jetzt zur Pflicht werden. So signalisieren Sie Höflichkeit. Das heimliche Durchforsten von Schreibtisch und Schultasche ist tabu. Respektieren Sie, wenn Ihr Sohn oder Tochter den abendlichen Kuss jetzt ablehnt und sich vielleicht morgens im Badezimmer einschließt. Sexualität ist nun ein heißes Thema, das aber vorsichtig anzusprechen ist. Vielleicht hilft es in einem ersten Schritt, allgemein über Gefühle zu reden.

Nicht das Verbot, sondern das Vertrauen sollte im Zentrum stehen.

FLOP

Am Arbeitsplatz

Beruf ist Berufung

Bei manchen Christen leidet die Arbeit unter einem Vorurteil: Sie sei, so denkt man, eine Folge des Sündenfalls. Entsprechend wenig Aufmerksamkeit wird dem Beruf dann auch geschenkt. Aber schon das erste Menschenpaar hatte die Aufgabe, das Paradies zu bebauen und zu gestalten. Der Beruf ist deshalb mehr, er ist eine Berufung des Menschen. Und es kommt alles darauf an, dass wir als Arbeitgeber, Arbeitnehmer oder Freiberufliche das Beste für uns und andere daraus machen.

Die Ebenen achten

Verantwortungsebenen erkennen

Selbst bei einem Unternehmen wie dem schwedischen Möbelhaus IKEA, in dem sich alle Mitarbeiter vom Chef bis zum Auszubildenden duzen, gibt es natürlich noch unterschiedliche Rangordnungen. Und die gilt es auf jeden Fall zu beachten. So wird der Vorgesetzte natürlich zuerst gegrüßt. Eine Ausnahme bildet der Fall, wenn jemand einen Raum betritt. Hier grüßt immer zuerst der Eintretende die Anwesenden. Dem Vorgesetzten lässt man im Zweifelsfall den Vortritt und auch das Vorrecht, zuerst etwas zu sagen.

Kollegiales Verhalten

Sicher bieten die unterschiedlichen Verantwortungsebenen oft ein Konfliktpotenzial. Nicht unbedingt leichter ist jedoch der Umgang mit den Kollegen. Denn auch hier herrscht oft unausgesprochen eine Konkurrenzsituation. Das auszublenden ist mehr als blauäugig. Gerade deshalb sollten Sie hier sensibel vorgehen und sich überlegen, wie Sie zu einer guten Atmosphäre beitragen können.

- Sind Sie neu, so feiern Sie nach Ihrer Probezeit einen kleinen Einstand. Erkundigen Sie sich vorher, wie so etwas in der Firma üblich ist. Nutzen Sie Anlässe wie Ihren Geburtstag oder Ihr Dienstjubiläum, um den Kontakt zu Ihren Kollegen zu pflegen.
- Feiern Sie nicht krank auf Kosten anderer. Versuchen Sie bei der Koordination des Urlaubs auf andere Mitarbeiter zuzugehen.

- Reden Sie nur das über abwesende Dritte, was Sie auch in deren Gegenwart sagen würden. Falscher Tratsch und Klatsch sind ein todsicheres Gift für jede gute Atmosphäre.
- Achten Sie die Schreibtische und Arbeitsplätze Ihrer Kollegen. Niemand sollte sich hier ungefragt bedienen.
- Grüßen Sie freundlich, sei es beim Betreten eines Raumes, bei der Begegnung auf dem Flur oder im Fahrstuhl.
- Grenzen Sie sich nicht aus bei Betriebsausflügen, Weihnachtsfeiern etc. Nutzen Sie diese Momente vielmehr, um die Kollegen besser kennen zu lernen.

TOP

Der Beruf ist ein wichtiges Testfeld des Glaubens. Höflichkeit gegenüber Kollegen ist deshalb kein Luxus.

Die Anrede

Wenn in einzelnen Firmen oder Arbeitszweigen das „Du" mit Vornamen die Regel ist, sollte dies akzeptiert werden. Ist es aber nicht der Fall, dann gelten die üblichen Formen der Anrede: Das Du-Angebot geht hier immer vom Vorgesetzten aus. Unter gleichgestellten Kollegen ist meistens das Alter ausschlaggebend. Auch ein Chef redet alle Mitarbeiter mit „Sie" an. Ein unvereinbartes „Du" drückt schon eine gehörige Portion Unhöflichkeit aus. Eine Ausnahme bildet hier sicher die Anrede von Auszubildenden, was durch das Alter bedingt ist. Auch das Anreden des Familiennamens ohne den Zusatz von „Frau" oder „Herr" (etwa „Also, Maier, nun fahren wir mal los") ist eine Zumutung.

31

Ein „Du" ablehnen?

Ein heikler Fall. Überlegen Sie sich genau, ob Sie das Du-Angebot eines Menschen ablehnen wollen, den Sie später vielleicht einmal um einen Gefallen bitten möchten. Falls es hier tatsächlich triftige Gründe gibt, formulieren Sie Ihre Antwort so, dass sie nicht verletzend wirkt. Drücken Sie Ihre Dankbarkeit für das Vertrauen aus und versuchen Sie Verständnis für Ihre Ablehnung zu gewinnen. So können Sie etwa sagen: „Ich danke Ihnen sehr für diesen Vorschlag. Ich möchte Sie aber bitten, dass wir noch beim Sie bleiben."

Nicht plumpe Nähe, sondern freundliche Sachlichkeit.

FLOP

Beim Arzt im Wartezimmer

Götter in Weiß?

Nur wenige Berufe werden in der Bibel so positiv erwähnt wie der des Arztes. „Gib dem Arzt die gebührende Ehre", heißt es im (allerdings) apokryphen Buch Jesus Sirach, „denn du brauchst ihn, und der Herr hat seinen Berufsstand eingesetzt" (Sirach 38,1). Auch über Lukas, einen der vier Evangelisten, wird im Neuen Testament nicht verschwiegen, dass er Arzt gewesen ist (Kolosser 4,14). Diese Würdigung hat jedoch nichts zu tun mit dem Bild der Mediziner als „Götter in Weiß".

Ärzte und medizinische Pflegekräfte dienen unserer Gesundheit, das begründet ihre besondere Wertschätzung. Das bedeutet aber gleichzeitig auch eine hohe Verpflichtung, was Ehrlichkeit gegenüber dem Patienten einschließt.

Begegnen Sie kranken Menschen mit großer Sensibilität

Im Wartezimmer

Wer ein Wartezimmer betritt, sollte sich bewusst machen, dass dort überwiegend kranke, sorgenvolle Menschen sitzen. Ein freundlicher Mensch erscheint hier deshalb oft wie ein fremder, heller Stern. Beim Betreten wünschen Sie einen „Guten Tag". Wie sonst auch bieten Sie in überfüllten Zimmern Ihren Platz älteren Menschen an. Aber auch jüngere Menschen, wenn sie körperlich behindert sind, freuen sich über Ihre Hilfsbereitschaft. Das Handy im Wartezimmer anzulassen kann für die anderen Anwesenden eine ziemliche Belästigung bedeuten.

Falls Sie den Eindruck haben, dass Ihre Wartezeit ungebührlich lange dauert, vermeiden Sie Explosionen und Implosionen. Fragen Sie z. B. im freundlichen Ton die Arzthelferin: „Es gibt sicher einen Grund, dass die Wartezeit heute so lange dauert?" So weiß jeder, was gemeint ist, ohne dass es einen Grund gibt, gereizt zu antworten.

Laufende Nasen

Es ist für niemanden schön, angeniest zu werden. Sorgen Sie dafür, dass Sie immer ein Taschentuch bei sich führen. Handelt es sich um Papiertaschentücher, sollten es unbedingt mehrere sein. Denn öfter als einmal sind sie zum Gebrauch nicht geeignet. Wenn Sie im Wartezimmer oder anderswo zwischen mehreren Menschen sitzen, wenden Sie sich mit dem Kopf ein Stück von Ihrem Nachbarn ab. Reicht die Zeit nicht mehr aus, ein Taschentuch zu ziehen, niesen Sie in die linke Hand. Das ist für die Leute angenehmer, denen Sie später noch die Hand geben werden.

TOP

„Lachen ist die beste Medizin" (Deutsches Sprichwort).

„Gesundheit" wünschen?

Seit immer mehr Menschen an Allergien leiden, ist es üblich geworden, Niesen höflich zu überhören und nicht weiter zu beachten. Manch einer erwartet trotzdem noch ein „Gesundheit". Alternativ können Sie vielleicht auch mit Aussagen reagieren wie: „Hoffentlich wird es keine Grippe" oder „Ich hoffe, das wird keine schlimme Erkältung".

Beim „Herrn Doktor"

Promovierte Ärzte werden mit „Frau" bzw. „Herr Doktor" und Nachnamen angesprochen. Ein flapsiges „Hi Doc" ist nicht üblich. Oftmals reden die Patienten auch Ärzte mit „Doktor" an, selbst wenn ihnen die Promotion fehlt – ein Zeichen dafür, wie eng in unserer Gesellschaft der Arztberuf mit dieser Anrede verschmolzen ist. Wenn Sie Ihrem Arzt eine Freude machen möchten, verzichten Sie lieber auf Geschenke wie selbst gebackene Plätzchen oder Kuchen. Denken Sie an den Armen, der das alles essen muss. Spenden Sie lieber eine kleine Summe für die Kaffeekasse, dann haben auch die anderen Mitarbeiter etwas davon.

Vermeiden Sie es, einen Arzt im privaten Rahmen auf Ihre Krankheit anzusprechen.

FLOP

Besuch im Krankenhaus

Keine Beliebigkeit

Krank sein möchte niemand, besonders dann nicht, wenn er ans Bett gefesselt ist oder in ein Krankenhaus eingewiesen wird. Gerade Schwerkranke bedürfen der Pflege und Aufmerksamkeit. Die einfachste Form, einen Kranken zu unterstützen, ist der Besuch. Vielleicht ist das der Grund, dass Jesus Christus den Besuch der Kranken als ein Kennzeichen des lebendigen Christseins bezeichnet (Matthäus 25,36).

Richtigen Zeitpunkt wählen

Der Krankenbesuch ist ein Herzstück des Glaubens

Informieren Sie sich vorher, entweder beim Kranken selbst oder bei seinen Angehörigen, ob ein Besuch überhaupt sinnvoll ist. Wenn ja, orientieren Sie sich für Ihr Kommen an den offiziellen Besuchszeiten. Diese sollten nur nach Rücksprache mit dem Personal umgangen werden. Liegt Ihr Patient auf der Intensivstation, ist es sowieso notwenig, eine Besuchserlaubnis einzuholen.

Platz nehmen

Wenn Sie in das Krankenzimmer eintreten, bleiben Sie nicht wie ein Salzsäule stehen, sondern rücken Sie einen Stuhl in die Nähe des Bettes. Aber kommen Sie andererseits dem Patient auch nicht zu nahe, so dass Sie direkt auf seiner Bettkante landen. Das Bett ist der letzte private Bereich, der dem Kranken verblieben ist. Etwas anders liegt der Fall natürlich, wenn Sie dem Kranken persönlich sehr nahe stehen. Wenn Sie sich sonst bei der Begrüßung umarmen, dann sollten Sie es jetzt natürlich auch tun. Wenn Ihr Gegenüber sein Bett verlassen kann, laden Sie ihn ggf. in die Cafeteria des Krankenhauses oder zu einem Spaziergang ein.

Mitbringsel

102

Erfahrungsgemäß freuen sich Kranke am meisten über den Besucher selbst. Ein eventuelles Geschenk muss deshalb nicht aufwändig sein. Eine Zeitschrift, ein Krimi oder eine CD sind eigentlich immer willkommen. Im Krankenhaus freuen sich auch Männer über Blumen. Es sollten aber aus hygienischen Gründen keine Topfpflanzen oder stark duftende Orchideen, sondern frisch geschnittene Blumen sein. Vermeiden Sie bei empfindsamen Menschen auch weiße Blumen, die manch einen an eine Beerdigung erinnern können.

Gesprächsstoff

Wenn Sie einen Krankenbesuch machen, dann geben Sie sich so normal wie möglich. Lassen Sie sich nicht verunsichern von langen Fluren und grimmigen Bettnachbarn. Vermeiden Sie es, zu mitleidig oder allzu optimistisch aufzutreten. Fragen Sie den Kranken, wie es ihm geht. Anhand seiner Antwort werden Sie merken, ob er über seine Krankheit sprechen möchte oder nicht. Wenn ja, halten Sie ihn nicht davon ab, seine Probleme auszusprechen. Vielleicht hat er sonst keinen anderen Gesprächspartner. Wenn der Kranke hier nur kurz antwortet, sprechen Sie über Dinge, die draußen passieren. Erzählen Sie ihm neue Ereignisse aus Familie, Firma oder Gemeinde. Oft sind Besucher so etwas wie Fenster in die Welt nach draußen.

Vermeiden Sie es, in die Rolle des Arztes zu schlüpfen, indem Sie die medizinischen Behandlungen ausführlich kommentieren. Auch bei Erklärungen über das Aussehen des Kranken ist Vorsicht geboten. Hier hat schon mancher den falschen Ton erwischt. Betonen Sie einfach, dass es Sie sehr freut, den Kranken zu sehen.

TOP

Bei Schwerkranken müssen Sie nicht viele Worte machen. Ihr Besuch an sich ist eine Sprache, die der andere leicht und gerne versteht.

Beten

Wenn es die gegenseitige Nähe ermöglicht, ermutigt es manche Kranke auch, wenn man ein Gebet mit ihnen spricht. Möglich ist es auch, dem Kranken eine Karte mit einer biblischen Verheißung zu geben und dies mit einem Wunsch um Gottes Segen zu verbinden. Dass Gott der eigentliche Arzt ist, ist für viele Kranke eine beruhigende Gewissheit.

Abschied

Schätzen Sie sensibel ab, wie lange der Kranke einen Besuch ertragen kann. Mancher ist schon nach einer Viertelstunde erschöpft, ein anderer kann scheinbar nicht genug bekommen. Achten Sie in einem Mehrbettzimmer auch auf die Verfassung des Bettnachbarn, der ja mit einbezogen wird.

Flüstern Sie nicht leise mit dem Arzt. Das beunruhigt den Kranken.

FLOP

Behinderten Menschen helfen

Gottes Liebe

Jesus Christus wandte sich ohne Wenn und Aber den behinderten Menschen seiner Zeit zu. Gerade ihnen galt seine göttliche Kraft und Liebe. Auf die Frage von Johannes dem Täufer, ob er wirklich der erwartete Christus sei, bezeichnet Jesus die Heilung der behinderten Menschen sogar als eines der wichtigen Erkennungsmerkmale: „Geht zu Johannes und berichtet ihm, was ihr hört und seht. Blinde sehen, Gelähmte gehen, Aussätzige werden gesund, Taube hören, Tote stehen auf, und den Armen wird die Gute Nachricht verkündet" (Matthäus 11,4–5). In der Bibel werden Behinderte nicht nach ihrer Leistungsfähigkeit beurteilt, sondern sie haben wie alle Menschen eine eigene Würde, die ihnen niemand nehmen kann.

Viele Menschen reagieren hier unsicher

Hilfe anbieten

Dass behinderte Menschen weder belächelt noch gemieden werden, versteht sich von selbst. Viele Zeitgenossen empfinden allerdings eine gewisse Unsicherheit, wenn sie den Eindruck haben, einem Behinderten helfen zu sollen. Grundsätzlich gilt, vor jeder Hilfestellung die betreffende Person freundlich zu fragen, ob die Hilfe überhaupt gewünscht ist, und wenn ja, wie sie aussehen kann. Fragen Sie also ruhig offensiv: „Kann ich Ihnen helfen?" oder „Wie kann ich Ihnen helfen?" Seien Sie nicht enttäuscht, wenn der andere das Angebot ablehnt. Nimmt er Ihre Offerte an, folgen Sie seinen Anleitungen. Behinderungen sind vielgestaltig, im Einzelfall informieren Sie sich bei entsprechenden Organisationen. Bemühen Sie sich als Gemeinde, behinderte Menschen im Gemeindeleben zu integrieren. Dies kann z. B. durch spezielle Gruppenangebote geschehen, durch Besuchsdienste oder indem sie sichtbar in den Gottesdienst einbezogen werden.

Menschen mit Sehbehinderung

Um besser erkannt zu werden, sollten Sie einen sehbehinderten Menschen möglichst von vorne ansprechen. Wenn Sie einem blinden Menschen Ihre Begleitung anbieten, haken Sie sich nicht unter, sondern lassen dies den Sehbehinderten tun. Erzählen Sie, was Sie sehen. Im Einzelfall führen Sie nach Rückfrage die Hand des Blinden zu dem jeweiligen Gegenstand.

Menschen mit körperlicher Behinderung

Gehbehinderte Menschen freuen sich über Ihre Hilfe beim Treppensteigen, wenn sie aus Verkehrsmitteln ein- und aussteigen müssen oder wenn Türen zu öffnen sind. Rollstuhlfahrer haben oft Probleme, Hindernisse zu überwinden, wie etwa Treppenstufen oder Bordsteinkanten. Handbehinderte Menschen können Sie bei vielen handwerklichen Tätigkeiten unterstützen. Ergreifen Sie die Initiative und bieten Sie Ihre Hilfe vorsichtig an. Als Gemeinde sollten Sie unbedingt alles dafür tun, dass die Eingänge und sanitären Einrichtungen Ihres Gebäudes behindertenfreundlich sind. Die Gemeinde ist nicht nur für gesunde Menschen gedacht. Wenn Sie als Gemeinde über einen Internetauftritt verfügen, dann achten Sie auch auf eine so genannte „barrierefreie" Version, die es sehschwachen Menschen erlaubt, die Homepage anzuschauen.

TOP

Leben Sie Kindern einen natürlichen Umgang mit Behinderten vor.

Menschen mit Hörbehinderung

Je nach Grad der Gehörlosigkeit können hörbehinderte Menschen Worte von den Lippen ablesen. Sprechen Sie deshalb deutlich und in kurzen Sätzen. Wenn Sie die Möglichkeit haben, bieten Sie spezielle Gottesdienste und Gruppen für Gehörlose an, in denen in der Gebärdensprache geredet wird. Bei größeren Veranstaltungen sollten Sie sich ohnehin bemühen, einen Gebärdendolmetscher mit einzubeziehen.

Bittere Tatsache

„Man ist nicht behindert, man wird behindert." In diesem Satz kommt die bittere Tatsache zum Ausdruck, dass in unserer Gesellschaft Menschen mit einem Handicap noch viel zu oft benachteiligt werden.

Witze über benachteiligte Menschen sind überhaupt nicht lustig.

FLOP

Die lieben Nachbarn

Altes Konfliktfeld

Mit den eigenen vier Wänden schaffen wir uns ein Zuhause – mit Nachbarn. Diese oft lang währenden Beziehungen sollten gepflegt werden, wobei es überhaupt keinen Unterschied macht, ob wir Mieter oder Eigentümer sind. Dass gute Nachbarschaft kein Automatismus ist, findet im alttestamentlichen Buch der Sprüche seinen Niederschlag: „Schmiede keine bösen Pläne gegen deinen Nachbarn, der dir vertraut" (Sprüche 3,29), heißt es mahnend.

Aber auch ein Zuviel an Herzlichkeit kann negative Auswirkungen haben: „Wenn du deinen Nachbarn jeden Morgen mit lauten Glückwünschen grüßt, dann legt er es dir als Verwünschung aus" (Sprüche 27,14).

Konflikte unter Nachbarn sind normal

Neu eingezogen?

Wer neu in eine Wohnung oder ein Haus einzieht, sollte Wert darauf legen, sich bei seinen Nachbarn vorzustellen. Welchen Umfang das einnimmt, ist sicher von der jeweiligen Umgebung abhängig. Den nächsten Nachbarn nach einem halben Jahr auf der Straße mit einem dürftigen „Hallo" zu grüßen ist aber völlig inakzeptabel.

Machen Sie also spätestens in der Woche nach dem Umzug eine freundliche Vorstellungsrunde. Treffen Sie jemanden nicht an, so passen Sie eine andere günstige Gelegenheit ab.

Ärgernisse

Konflikte unter Nachbarn sind leider an der Tagesordnung. Es gibt wohl niemanden, der sich nicht schon einmal geärgert hätte über blockierende Kinderwagen, zugestellte Parkplätze, stundenlanges Hundegebell, dauerndes Kindergepolter, anhaltend dumpfen Techno-Beat, sonntägliche Rasenmähgeräusche oder Grillorgien im Nachbargarten.

Der Blick in die Hausordnung macht zwar Sinn, hilft aber nicht immer weiter, denn auch Paragraphen sind extrem interpretationsfähig. Und wenn Nachbarn erst anfangen, mit der Stoppuhr zu messen, ob die in der Hausordnung erlaubte Zeit des Klavierspielens überschritten wird, ist meistens sowieso alles zu spät. Lassen Sie es deshalb nie so weit kommen. Halten Sie sich an die Grundregeln des freundlichen

Miteinanders. Achten Sie die festgelegten Ruhezeiten (normalerweise zwischen 12.00 und 15.00 Uhr sowie zwischen 22.00 und 6.00 Uhr). Falls Sie ein größeres Fest planen, unterrichten Sie Ihre Hausgenossen früh genug. Vielleicht verbinden Sie die Nachricht mit einem kleinen Präsent oder netten Brief. Überstrapazieren Sie nicht die Tierliebe Ihrer Nachbarn. Den Besitz eines Haustiers wird uns sicher niemand verbieten wollen, das Halten einer stinkenden Rattenaufzucht aber ganz bestimmt. Sommerliches Grillen ist eine schöne Sache, aber wenn der Wind so steht, dass der Rauch direkt in das Schlafzimmer des Nachbarn dringt, sollten Sie vielleicht doch besser im Haus essen.

TOP

Wenn es einmal laut geworden ist, bringen Sie am nächsten Tag eine Aufmerksamkeit vorbei.

Vertrauen schaffen

Selbst wenn wir alles richtig machen, kann trotzdem das eintreten, was Friedrich Schiller im „Wilhelm Tell“ so ausdrückt: „Es kann der Frömmste nicht in Frieden leben, wenn es dem bösen Nachbarn nicht gefällt.“ Damit dies nicht geschieht, bauen Sie Vertrauen auf. Gute Nachbarschaft ist nämlich weniger eine Frage der Zeit, die wir gemeinsam verbringen, als viel mehr eine der Verlässlichkeit. Bieten Sie deshalb Ihrem Nachbarn an, in seiner Abwesenheit die Blumen zu gießen, die Post anzunehmen und nach dem Rechten zu sehen. Wird Ihnen dann der Haustürschlüssel übergeben, ist das ganz sicher ein Vertrauensbeweis.

Seien Sie gerne bereit, das Babyphon der Nachbarn für eine Nacht zu übernehmen, und bieten Sie ruhig der älteren Dame von nebenan an, einen Kasten Mineralwasser aus dem Supermarkt mitzubringen. Eine bewährte Praxis, die Atmosphäre in der Nachbarschaft zu verbessern, sind jährliche Haus- oder Straßenfeste. Manche Fragen können hier in gelöster Stimmung geklärt werden, ohne dass die Hilfe von Dritten in Anspruch genommen werden muss.

Legen Sie die Nachlässigkeiten Ihres Nachbarn nicht auf die Goldwaage.

FLOP

Fairness im Sport

Ein Bild des Glaubens

Kein anderer als Paulus greift zwei Sportarten seiner Zeit auf, nämlich den Wettlauf und das Ringen, um den Glauben an Jesus Christus zu veranschaulichen: „Ihr wisst doch, dass an einem Wettlauf viele teilnehmen; aber nur einer bekommt den Preis, den Siegeskranz. Darum lauft so, dass ihr den Kranz gewinnt! (...) Darum kämpfe ich wie ein Faustkämpfer, der nicht daneben schlägt" (1. Korinther 9, 24–25). Und in seinem Brief an den jugendlichen Freund Timotheus betont er: „Ein Sportler, der an einem Wettkampf teilnimmt, kann den Preis nur gewinnen, wenn er sich streng den Regeln unterwirft" (2. Timotheus 2,5).

Fairness achtet das Spiel höher als das Ergebnis

Fair play

In der englischen Sprache gibt es für den sportlichen Einsatz den Begriff des „Fair play", d. h. des anständigen Verhaltens in einem sportlichen Wettbewerb. Wie bei der Höflichkeit überhaupt geht es hier nicht um nur um das formelle Beachten von Regeln, sondern um eine Haltung. Ein Sportler, der auf das „Fair Play" achtet, befolgt wohl die Regeln, aber er geht noch über sie hinaus. Für einen fairen Sportler ist das gemeinsame Spiel immer mehr als das abschließende Ergebnis. Zum „Fair play" gehört deshalb folgende Grundeinstellung:

- Ich pflege einen partnerschaftlichen Umgang mit dem Gegner. Der andere ist nicht mein Feind, sondern mein Gegenspieler. Im Zweifelsfall überlasse ich ihm den Vorteil. Ist er verletzt, kümmere ich mich um ihn, als wäre es mein Mitspieler. Die feine Grenze zwischen Härte und Brutalität überschreite ich nicht.
- Ich respektiere den Schiedsrichter, selbst dann, wenn ich die Lage anders beurteile als er.
- In brenzligen Momenten des Wettkampfes versuche ich von der eigenen Rolle Abstand zu gewinnen. Ich verzichte ganz bewusst auf Kraftausdrücke und Verunglimpfungen anderer.
- Ich achte auf Chancengleichheit für alle Teilnehmer.
- In Sieg und Niederlage bewahre ich Stil. Ich bemühe mich, ruhig zu gewinnen und gut zu verlieren. Bei einer etwaigen Niederlage suche ich keine billigen Ausreden.

Fair geht vor

Was eigentlich selbstverständlich sein sollte, geht heute in einer Sportwelt, in der mit harten Bandagen um Millionensummen gekämpft wird, manchmal unter. So gab es einen Weltklassefußballer wie Diego Maradonna, der den Ball 1986 im WM-Viertelfinale regelwidrig mit der Hand ins Tor beförderte und später auch noch meinte, das sei die „Hand Gottes" gewesen. Und es gibt jedes Wochenende mindestens einen Bundesligaspieler, der im Elfmeterraum eine „Schwalbe" hinlegt und so einen Freistoß erschwindelt. Doping – das ist der Preis, den viele Leistungssportler zahlen, um auch einmal die Nummer eins zu werden. Dagegen ist unbedingt zu betonen, dass Fairness als Höflichkeit im Sport ein Wert an sich ist.

TOP

Größe hat der, der dem Sieger gerne gratulieren kann.

Fairness geht weiter

Gerade im familiären oder kirchlichen Bereich sollte die Chance gegeben werden, die Fairness weiter auszudehnen. Wer kennt nicht die Momente aus der Schulzeit, als sich ausschließlich die Besten im Team zusammentaten?

Fair ist es deshalb auch, wenn die guten Spieler die schlechteren mit einbeziehen. Wenn klar ist, dass nicht der Sieg das einzige Kriterium des Erfolgs ist, werden Langsamere nicht als Versager abgestempelt,.

Im Stadion

Was für den Sportler gilt, hat ebenfalls für den Zuschauer Bedeutung. Denunzierungen und abfällige Bemerkungen über andere Mannschaften sind fehl am Platz. Schlechte Schiedsrichterleistungen oder Niederlagen meiner Mannschaft sind kein Weltuntergang, auf den ich mit Hassgesängen reagieren muss. Gegenstände auf das Spielfeld zu werfen oder gar Fans des anderen Teams anzugehen, ist natürlich völlig indiskutabel.

Zorniges Gebrüll passt zu Rumpelstilzchen, aber nicht zum Sport.

FLOP

Im Geschäft

Verkäufer und Käufer

Höflichkeit beim Einkauf? Das ist keine einfache Sache, geht es doch um Geld. Und das liegt ja bekanntlich nicht auf der Straße. „Berate dich nie (...) mit einem Händler über ein gutes Geschäft, noch mit einem Käufer über das Verkaufen (...) Erwarte von keinem dieser Leute einen brauchbaren Rat!" heißt es in der alttestamentlichen Weisheitsliteratur (Sirach 37,11). Sowohl Käufer als auch Verkäufer stehen oft in einem gespannten Verhältnis zueinander. Und trotzdem: Gerade hier zeigt sich der Unterschied zwischen oberflächlichen Manieren und echter Höflichkeit.

Der Handel ist eine echte Probe für die Höflichkeit

Respekt

Es sind gerade die Angestellten im Einzelhandel, die für ein relativ kleines Gehalt viele Stunden auf den Beinen sein müssen. Ein einfacher Weg, Verkäufern Respekt entgegenzubringen, ist die freundliche Frage. Es sollte also nicht heißen: „Wo sind die Waschmaschinen?", sondern: „Entschuldigen Sie, können Sie mir bitte sagen, wo ich die Waschmaschinen finde?". Sicher kann man auch an einen kurz angebundenen oder barschen Verkäufer geraten. Anstatt mit gleicher Münze zurückzuzahlen oder mit einem Gang zum Vorgesetzten zu drohen, versuchen Sie es einfach mit höflichem Schweigen. Denn wer laut oder frech wird, richtet sich selbst. Oder Sie gehen mit Ihrer Höflichkeit in die Offensive. Fragen Sie einfach freundlich nach: „Entschuldigung, weshalb reagieren Sie jetzt so unhöflich?"

An der Kasse

Immer wieder passiert es, dass vor der Kasse Kunden lauthals lospoltern, weil sie ein wenig warten müssen. Die Kassiererinnen können jedoch oft am wenigsten dazu. Bleiben Sie deshalb betont gelassen. Schauen Sie die Angestellten freundlich an, vergessen Sie nicht das „Danke" und „Bitte". Nachzählen und -rechnen der Quittungen ist erlaubt, aber tun Sie es freundlich ohne Schuldzuweisungen. Man vergibt sich nichts, älteren Leuten oder Kunden mit einer einzigen Ware den Vortritt zu lassen. Wenn man eine Schlange von Kunden durchqueren muss, bittet man um Entschuldigung.

Per Rechnung

Sollten Sie nicht bar, sondern per Rechnung bezahlen, überziehen Sie nicht ohne Grund die Zahlungsfrist. Halten Sie sich an Vereinbarungen, auch wenn sie nur mündlich erfolgt sind. Der alte Begriff des „ehrbaren Kaufmanns“ beschreibt den Menschen, der seinem Geschäftspartner nicht schaden will. Ein solcher Mensch steht zu seinem Wort, und ein Christ tut es erst recht.

TOP

Auch der Verkäufer ist für ein freundliches Wort dankbar.

Feilschen

Seit dem Fall des Rabattgesetzes im Juli 2001 darf auch in Deutschland um Preise gefeilscht werden. Mancher tut sich dabei schwer, weil er meint, das sei vielleicht unanständig. Wenn aber einige Regeln beachtet werden, sind diese Sorgen unbegründet.

- Feilschen funktioniert meistens nur, wenn man es mit einem Abteilungsleiter oder dem Geschäftsführer selbst zu tun hat. Angestellten der niederen Ebene fehlt in aller Regel die Kompetenz zum Preisnachlass.
- Über den Preis sollten Sie nur verhandeln, wenn Sie auch wirklich zum Kauf bereit sind.
- Wichtig ist, die Summe zu kennen, die man im Höchstfall ausgeben will.
- Diskretion ist wichtig. Man sollte nicht in Gegenwart anderer Kunden um den Preis feilschen. Das hemmt den Verkäufer beim Preisnachlass. Unter vier Augen fällt es ihm leichter nachzugeben.
- Wenn Mängel an der Ware vorhanden sind, weisen Sie vorsichtig auf sie hin.
- Manchmal gelingt es auch, einen Bonus auszuhandeln. Wenn Sie sich z. B. für ein technisches Gerät entschieden haben, bitten Sie um eine Dreingabe der zugehörigen Lederhülle oder der Batterien.
- Langer Atem hilft. Manchmal geraten Verkäufer an den Punkt, an dem sie froh sind, dass ein Verkauf überhaupt zustande kommt. Ihre Hartnäckigkeit darf aber niemals lästig werden.

Reklamationen sind kein Grund, laut zu werden.

FLOP

Auf der Straße

Symbol der Menschheit

Psychologen kennen das Phänomen: Menschen träumen in der Nacht, dass sie sich auf einer Straße fortbewegen. In vielen Fällen ist dies ein Bild für den persönlichen Lebensweg. Und auch die Bibel greift das Symbol der Straße auf. „Stets das Rechte tun ist der Weg, auf dem ein Leben gelingt, eine gut gebaute Straße ohne tödliche Gefahren", heißt es im Buch der Sprüche (Sprüche 12,28). Ja, Jesus Christus sagt von sich selber, er sei „der Weg", der zum Vater im Himmel führt (Johannes 14,6).

Gemeinsam unterwegs

Rücksicht nehmen bedeutet mehr, als bloß die Straßenverkehrsregeln zu beachten

Fährt man mit mehreren Personen in einem Auto, ist es in der Regel so, dass der Autobesitzer selber fährt. Fahren Frau und Mann gemeinsam, ist es meistens üblich, dass die Frau sich auf den Beifahrersitz setzt. Dieses Verhalten fußt auf der Höflichkeit vergangener Zeiten, als der angestellte Chauffeur noch den Wagen lenkte. Der Mann ist es also, der für die Frau das Fahren übernimmt. Er hilft auch beim Ein- und Aussteigen der Beifahrer. Gerade bei älteren Mitfahrern sollte der Fahrer so rasch wie möglich zur Stelle sein, die Wagentür öffnen und – falls nötig – die Hand reichen und behilflich sein.

Über Radio, Rauchen, Klimaanlage und offene Fenster entscheidet der Fahrer niemals allein, sondern fragt vorher immer freundlich nach. Wer als Fahrer jemanden nach Hause oder anderswo bringt, geht entweder mit zur Wohnungstür oder wartet so lange mit dem Wagen, bis der andere die Wohnungstür erreicht hat.

Rücksicht nehmen

Die Regeln im Straßenverkehr zu beachten ist eines, Rücksicht zu üben ist aber weit mehr. Das beginnt mit der Einsicht, dass Passanten immer Vortritt haben. Das gilt insbesondere für

- Kinder, die ein engeres Blickfeld haben
- Teenager, die ungestüm und unbedacht sind
- ältere Menschen, die sich oft langsamer bewegen

TOP

Fahren Sie immer fünf Minuten früher los. Das gibt Ihnen den Spielraum zur Höflichkeit.

Nehmen Sie auch Rücksicht auf die anderen Verkehrsteilnehmer. Was hindert Sie daran, dem anderen die Vorfahrt zu gewähren oder jemandem bei der Parkplatzsuche den Vorrang zu lassen?

Ärger vermeiden

Die Erfahrung zeigt, dass es viele Verhaltensmuster gibt, die andere Autofahrer auf die Palme bringen können. Dazu gehören:

- auf Autobahnen auf der linken Spur sehr langsam fahren
- auf Autobahnen auf der linken Spur ständig blinken, um überholen zu können
- zu nahes Auffahren
- die Lichthupe als Überholzeichen benutzen
- beim Abbiegen den Blinker nicht benutzen

Ruhe bewahren

1965 startete der ADAC eine Kampagne der Freundlichkeit. Autofahrer sollten, so die Idee, im Zweifelsfalle drei Finger in die Luft recken. Die drei Finger bildeten dann das „E", das für Entschuldigung stehen sollte. Heute nach vierzig Jahren kann sich kein Mensch mehr an dieses Symbol erinnern. Dagegen werden auf unseren Straßen ganz andere Gesten gezeigt, Schmäh- und Schimpfworte sind an der Tagesordnung. Setzen Sie an dieser Stelle einen positiven Kontrapunkt!

Wer Höflichkeit als Haltung gewählt hat, lässt sich von den modernen Barbaren nicht unterkriegen. Wenn es zu solchen verbalen oder nonverbalen Attacken kommt, schauen Sie einfach freundlich weg oder üben sich in Gleichmut.

Werfen Sie während der Fahrt weder Müll noch Essensreste aus dem Fenster.

FLOP

Andere Länder, andere Sitten

Respekt vor der Fremde

Als Paulus die griechische Metropole Athen erreichte, trat er auf den Areopag und hielt eine missionarische Rede, die später in der Apostelgeschichte überliefert wurde (Apostelgeschichte 17, 22–33). Darin betont er, dass die Grenzen der Länder nicht zufällig, sondern mit dem Willen Gottes verwoben sind (Apostelgeschichte 17,26). Er greift damit auf das alte hebräische Denken zurück, dass sich das Leben der Menschen nicht nur in Individuen, sondern auch in Sprachen, Kulturen und Völkern ausdrückt. Ein schönes Beispiel ist dafür die so genannte „Völkertafel" in 1. Mose 10. Wer sich diese Tatsache vor Augen hält, wird niemals über andere Länder und ihre Sitten abschätzig urteilen. Im Gegenteil: Wer ein fremdes Land besucht, bemüht sich, die dortigen Gewohnheiten zu beachten.

Gott schafft die Völker, deshalb verdienen ihre Kulturen Achtung

Vor der Reise

Hätten Sie es gewusst? In Deutschland geben wir uns bei der Begrüßung die Hand, in den USA geschieht das schon seltener, und den Asiaten ist das Händeschütteln sogar eine recht unangenehme Sache. Deshalb: Wer ein fremdes Land besucht, sollte sich vorher eingehend über die dortigen Sitten und Gebräuche erkundigen. Niemand sage später, er habe davon nichts gewusst. Reiseagenturen und Botschaften bieten in der Regel eine Fülle von Informationsmaterialien an. Natürlich erwartet niemand, dass Sie Ihre eigene Identität ablegen. Doch Sie werden viele Sympathien gewinnen, wenn die Menschen des gastgebenden Landes merken, dass Sie sich Gegebenheiten anpassen möchten.

Miteinander sprechen

Immer wieder passiert es, dass wir die Sprache im Reiseland nicht sprechen können. Bevor Sie nun mit Deutsch losplappern, versuchen Sie es im Zweifelsfall auch mit Ihrer Zweitsprache, etwa Englisch oder Französisch. Setzen Sie dieselbe Fähigkeit aber nicht einfach beim anderen voraus, sondern fragen Sie höflich, ob Sie diese Sprache benutzen können. Sprechen Sie langsam und deutlich. Verzichten Sie auf wildes Gestikulieren, das wird schnell als unangenehm empfunden.

Angemessene Kleidung

In vielen Länder kleidet man sich sehr viel konservativer als bei uns. Darum: Bevor Sie sich in Bermuda-Shorts und Spagettiträger stürzen, informieren Sie sich, ob das auch so üblich ist. Das gilt vor allen Dingen für öffentliche Plätze, Kirchen und andere religiöse Orte. Hier sind oft lange Hosen, bekleidete Schultern und manchmal auch Kopfbedeckungen angebracht. Überhaupt sollten in Kleidungsfragen alle Extreme vermieden werden. Das ist nicht eine Frage der individuellen Freiheit, sondern der Höflichkeit gegenüber anderen Menschen. Erkundigen Sie sich auch, ob eine allzu große Nähe zwischen Frau und Mann im Reiseziel üblich ist. So ist in islamischen oder asiatischen Ländern schon ein kleiner Kuss in der Öffentlichkeit ausgesprochen verpönt, teilweise sogar verboten.

TOP

Der deutsche Tourist ist für manches bekannt, leider nicht für seine Höflichkeit. Setzen Sie deshalb hier positive Akzente!

20

Fotografieren

Es ist schön, zu einem späteren Zeitpunkt Fotos von seiner Reise präsentieren zu können. Achten Sie aber beim Fotografieren darauf, dass dies auch erlaubt ist. In vielen kulturellen und heiligen Stätten ist das Fotografieren deutlich eingeschränkt oder sogar verboten. Seien Sie auch vorsichtig, wenn Sie Porträts von einzelnen Menschen aufnehmen. Manch ein Tourist benimmt sich hier wie ein Zoobesucher. Finden Sie ein schönes Motiv, so bitten Sie besser vorher um Erlaubnis.

Unterhaltungen

Machen Sie niemals den Fehler, als Gast das Reiseland zu kritisieren. Wenn Ihnen etwas seltsam vorkommt, stellen Sie lieber Fragen, um Ihre Eindrücke besser zu verstehen. Seien Sie auch sensibel für negative Auswirkungen, die der Tourismus oder der internationale Handel in Ihrem Reiseland haben kann.

Belehren Sie niemals Ihre Gastgeber darüber, was in Ihrer Heimat besser ist.

FLOP

Manieren statt blamieren

Selbstverständlichkeiten

Es gibt Umgangsregeln, die sich eigentlich von selbst verstehen. Eigentlich, aber manchmal scheint es, als hätten in der einen oder anderen Biografie einfach die richtigen Vorbilder gefehlt. Lassen Sie sich davon nicht irritieren. Rümpfen Sie nicht vornehm die Nase, sondern gehen Sie mit gutem Beispiel voran. Ein einfacher Orientierungspunkt kann die „Goldene Lebensregel" von Jesus sein: „Behandelt die Menschen so, wie ihr selbst von ihnen behandelt werden wollt" (Matthäus 7,12). Oder, um es mit den Worten meiner Großmutter zu sagen: „Wie man in den Wald ruft, so schallt es heraus." Zur gegenseitigen Versicherung seien die einfachsten Anstandsregeln hier kurz erwähnt:

Nicht die Nase rümpfen, sondern mit gutem Beispiel vorangehen

Aufstoßen

Bei Babys freuen wir uns darüber. Bleibt das Bäuerchen nach der Mahlzeit aus, wird der Säugling hochgehoben und der Magen leicht massiert. Doch mit dem Kindesalter sollte man lernen, die Körperlaute unter Kontrolle zu bekommen. Wer Probleme hat, sollte sich Gedanken über seine Nahrung machen oder einen Arzt aufsuchen.

Gähnen

Zu später Stunde an sein Bett zu denken, ist normal. Bei einem langweiligen Vortrag Müdigkeit zu verspüren sicher auch. Aber es sollte doch so geschehen, dass wir nicht mit einem weit aufgerissen Rachen unsere Nachbarn in Angst und Schrecken versetzen. Als die Christenheit noch bibelfester war, zitierte man in einem solchen Fall scherzhaft Tobias 6,3. Dort steht (in der Lutherübersetzung): „O Herr, er will mich fressen!" Der Ertappte antwortete dann rasch mit Apostelgeschichte 11,8: „Auf gar keinen Fall. Ich habe noch nie in meinem Leben etwas Verbotenes oder Unreines gegessen." Diese Zeiten sind längst vorbei. Deshalb ist es besser, einfach nur dann zu gähnen, wenn der andere es nicht sieht und sich dabei die linke Hand vor den Mund zu halten.

Kraftausdrücke

Wissenschaftler haben darauf hingewiesen, dass es bei dieser Sorte von Wörtern kulturelle Unterschiede gibt. Während die Angelsachsen mit Vorliebe Begriffe aus dem Sexualbereich gebrauchen, greifen wir Deutsche gerne Bezeichnungen auf, die gegen die Sauberkeit gerichtet sind. In beiden Fällen, so wird gesagt, protestiere man unbewusst gegen die heimlichen Ideale der Gesellschaft. Wie dem auch sein mag, es bleibt immer unhöflich, andere Menschen mit solchen Ausdrücken zu belästigen.

Öffentliche Körperpflege

Für das Äußere sorgen ist unabdingbar. Aber es sollte so vonstatten gehen, dass die Umwelt möglichst wenig daran teil nimmt. Man tut also gut daran, sich nicht im Beisein anderer die Nägel zu schneiden, die Haare zu kämmen, den Bart zu kürzen, mit den Fingern in Ohren oder Nase herumzufahren, Hautunreinheiten zu pflegen oder ausgiebig zu schminken. All das gehört ins Badezimmer und nicht in die Öffentlichkeit.

Winde

Etwas Luft im Darm zu haben, ist eine biologische Gesetzmäßigkeit. Dieser Luft aber je nach Belieben überall freien Lauf zu geben, ist eine ausgesprochene Unflätigkeit. Gerne wird in diesem Zusammenhang Martin Luther mit seiner Frage angeführt: „Was rülpset und furzet ihr nicht, hat es euch nicht geschmacket?“ Tatsache aber ist, dass es sich hier um eines von den vielen Zitaten handelt, die dem Reformator nachträglich zugeschrieben wurden. Ähnlich wie der berühmte Ausspruch „Wenn ich wüsste, dass morgen die Welt unterginge, würde ich heute ein Apfelbäumchen pflanzen“ ist es eine Erfindung aus späteren Jahrhunderten.

TOP

„Contenance“ ist der französische Begriff für Selbstbeherrschung und Zurückhaltung. Sie entspringt dem Wunsch, den anderen nicht zu belästigen, sondern ihm höflich zu begegnen.

Über den Niedergang der Werte zu klagen ist leicht. Anspruchsvoller ist es, praktische Höflichkeit zu leben.

FLOP

Briefe schreiben

Warum Briefe nicht out sind

Wie viele Briefe hat Paulus geschrieben? Nun, das Neue Testament enthält eine ganze Reihe seiner Briefe. Sicher ist aber, dass nicht alle von ihm erhalten geblieben sind. So erwähnt er im 2. Korintherbrief den so genannten „Tränenbrief", der aber verloren gegangen ist (2. Korinther 2,3). War in alter Zeit der Brief oft das einzige Kommunikationsmittel, wird er heute immer stärker von Telefon und E-Mail verdrängt. Es soll Leute geben, die noch nie einen Brief geschrieben haben. Ist der Brief deshalb passee? Nein, im Gegenteil: Je mehr die digitalen Informationen in unserer Welt zunehmen, desto wichtiger wird der Brief wieder. Handgeschrieben, mit einem schönem Umschlag versehen und mit einer Briefmarke frankiert, ist er mehr denn je ein Dokument der persönlichen Wertschätzung.

Der Brief ist aktueller denn je

Anlässe

Sicher, vieles ist heute mit Telefon und E-Mail zu erledigen. Und es ist besser, solche Wege zu nutzen, als sich gar nicht zu äußern. Vom Geschäftsleben einmal abgesehen, gibt es etliche Gelegenheiten, in denen eigentlich nur der Brief das adäquate Medium ist, z. B. bei:

- Weihnachts-, Oster- oder Neujahrsgrüßen
- Gratulationen zu Geburtstagen oder Jubiläen
- Kondolenzschreiben
- Einladungen zu Festen und Feiern
- persönlichen Angelegenheiten

Formate

Jeder Brief kann zu einem Fest der Sinne werden. Die klassische Version ist immer noch der weiße DIN-A4-Bogen. Verzichten Sie auf billiges Computerpapier und leisten Sie sich ein schönes, aufwändiges Briefpapier. Für Geschäftsbriefe reichen sicher einfache Kuverts, für den persönlichen Schriftverkehr dürfen es auch gepolsterte Briefumschläge sein. Benutzen Sie möglichst blaue Tinte und suchen Sie eine ansprechende Sonderbriefmarke aus. Wenn Sie zu einem Fest einladen, lassen Sie Ihrer Fantasie freien Lauf. Hier einige Ideen:

- Wählen Sie besondere Farben für Kuvert und Brief.
- Schneiden Sie den Brief zu einer bestimmten Form aus.
- Füllen Sie den Brief mit kleinen Zugaben (z. B. Konfetti, Luftballons etc.)

Anrede

Je nach Vertrautheit sind unterschiedliche Anreden angemessen. Die üblichsten sind:

- „Liebe(r) Vorname" (Familie und Freundschaft)
- „Liebe(r) Frau/Herr Nachname" (in der Bekanntschaft)
- „Sehr geehrte (r) Frau/Herr Nachname" (bei nicht näher bekannten Personen)
- „Sehr geehrte Damen und Herren" bzw. „Sehr geehrte Damen, sehr geehrte Herren" (wenn der Name des Adressaten nicht bekannt ist)

Werden zwei oder mehrere Personen angeredet, wird zuerst die Frau bzw. der Ältere genannt.

TOP

„Das gebe ich dir mit Brief und Siegel", sagen wir, um unsere Aussagen zu unterstreichen. Ein persönlicher Brief hat für die meisten Menschen größeres Gewicht als Telefon und E-Mail.

Abschiedsgruß

Achten Sie darauf, dass der Briefgruß emotional zur Anrede passt. Wer formal anfängt, sollte auch so aufhören. Und wer an seine beste Freundin schreibt, darf nicht mit einem „Mit freundlichen Grüßen" schließen. Es bewährt sich in fast allen Fällen, dem Abschiedsgruß eine persönliche Note zu geben, z. B.:

- „Mit herzlichen Grüßen aus Bonn, dein …"
- „Mit freundlichen Grüßen nach München, Ihr …"
- „Für heute grüßt Sie herzlich, Ihr …"
- „Für die neue Aufgabe wünsche ich Ihnen Gottes Segen, Ihr …"

Serienbriefe in Kirche und Gemeinde

Wenn Ihre Kirche oder Gemeindegruppe zu einer Veranstaltung einlädt, achten Sie darauf, dass die Briefe immer einen persönlichen Charakter vermitteln. Das heißt konkret:

- Nutzen Sie die individuelle Anrede. Das kann handschriftlich geschehen oder mittels der Adressfunktion Ihres Textverarbeitungsprogramms.
- Grüßen Sie nicht nur maschinell, sondern unterschreiben Sie persönlich. Das macht ein bisschen mehr Mühe, bewirkt aber ein enormes Echo bei den Briefempfängern.

Die Betreffzeile wird heute nur noch ohne den Begriff „Betreff" verwandt.

FLOP

E-Mail

Netiquette

Wer Briefe schreibt, hält sich an Regeln: Rechtschreibung, Grammatik und logischer Aufbau sind das Mindeste, was einen höflichen Brief auszeichnen. Schon Paulus und die Apostel greifen in ihren Briefen auf die üblichen Grundregeln ihrer Zeit zurück. Alle ihre Schreiben verfügen über eine freundliche Einleitung und einen persönlichen Schlussgruß. Was nun für die alten Briefe auf Pergament recht war, sollte für die elektronischen Briefe unserer Zeit billig sein. An dieser Stelle ist es üblich geworden von der „Netiquette" der E-Mails zu sprechen, also der ungeschriebenen „Etiquette" im „Net" (d. h. Internet).

E-Mails sind kein Freibrief für schlechte Manieren

- ***Rufen Sie Ihre E-Mails regelmäßig ab.*** Wer einen Briefkasten hat, schaut in der Regel täglich dort hinein. Nicht anders sollte man mit der E-Mail-Box verfahren. Das gilt gerade auch für Gemeinden, die eine offizielle Adresse besitzen. Wer sich bei der Beantwortung von Anfragen allzu lange Zeit nimmt, erscheint rasch als desinteressiert.
- ***Achten Sie auf Sicherheit.*** E-Mails sind schnell und günstig. Das zeichnet sie aus, das gefährdet sie aber auch. Schreiben Sie deshalb nie etwas per E-Mail, was Sie nicht auch in einem Brief mit der Post versenden würden. Das Internet ist beileibe kein sicherer Raum. Im Zweifelsfall nutzen Sie eine Verschlüsselungssoftware, um hier sicherzugehen.
- ***Schreiben Sie ordentlich.*** Bevor Sie die E-Mail abschicken, schauen Sie lieber Ihren Text noch einmal unter orthografischen Gesichtspunkten durch. E-Mails mit vielen Fehlern werfen ein schlechtes Licht auf den Absender. Im schlimmsten Fall erwecken Sie damit den Eindruck, der Adressat sei Ihnen nicht wichtig. Hüten Sie sich auch vor LAUFENDER GROSSSCHREIBUNG. DER LESER HAT LEICHT DAS GEFÜHL, ANGESCHRIEN ZU WERDEN! ähnliches lässt sich von kontinuierlicher kleinschreibung sagen. es macht wirklich einen schludrigen eindruck.
- ***Vorsicht mit Kettenbriefen.*** Immer wieder werden E-Mails verschickt mit der Bitte, sie weiterzusenden. Leider handelt sich in den meisten Fällen um schlechte Witze oder Betrügereien. Auch E-Mails mit Virenwarnungen haben selten seriöse Absender.

- ***Verzichten Sie auf SPAM.*** Verschicken Sie niemals ohne vorherige Absprache E-Mails zu Werbezwecken. Auch fromme Werbung bietet dafür keine Rechtfertigung.
- ***Nutzen Sie eine Signatur.*** E-Mails ohne nähere Angaben zum Absender sind mühsam. Am Fußende Ihrer Nachricht sollte sich Ihr voller Name mit Adresse befinden. Das hilft dem Adressaten, Sie besser einzuordnen. Viele E-Mail-Programme bieten hier automatisierte Hilfestellungen an.
- ***Schreiben Sie Ihre E-Mail als ASCI-Text.*** Hier handelt es sich um Normaltexte ohne grafische Zusätze. Einzelne E-Mail-Programme bieten auch HTML-Formate an, mit denen Farben und Schriftgrößen eingestellt werden können. Zum Problem wird das allerdings, wenn der Empfänger das HTML-Format nicht nutzt und die grafischen Erweiterungen als schriftliche Codes empfängt.
- ***Gehen Sie vorsichtig mit den Daten anderer Personen um.*** Dazu zählen sowohl private Mails, die nicht einfach weitergeleitet werden sollten, als auch E-Mail-Adressen. Wenn Sie einen Rundbrief versenden, dann setzen Sie die Adressen in das Blind-Copy-Feld („Bcc“), sodass die Daten geheim bleiben.
- ***Seien Sie vorsichtig mit Witz und Ironie.*** Manches, was Sie als Unterton in einzelne Sätze hineinlegen möchten, wird der Empfänger so nicht verstehen können. Um Missverständnissen vorzubeugen, greifen Sie ggf. auf die so genannten Emoticons zurück. Hier handelt es sich um einen Kunstbegriff der englischen Wörter „emotion“ (Gefühl) und „icon“ (Bild). Sie helfen, die Tendenz einzelner Aussagen zu erläutern, z. B.:

  ;-) War nicht so ernst gemeint
  :-) Ist das nicht lustig?
  :-(Ich bin traurig
  :-x Ich küsse dich
  :-& Ich bin sprachlos
  :‘-(Ich weine
  :-D Da muss ich lachen
  :-p Ich zeige die Zunge, bäää
  :-s Ich verstehe nicht
  :-/ Ich bin skeptisch.

TOP

Ein schnelles Medium erfordert schnelle Antworten.

Ohne Durchlesen sollte keine E-Mail Ihren PC verlassen.

FLOP

Telefon

Reduzierte Kommunikation

So wirksam moderne Medien in der Reichweite sind, so reduziert ist doch oft ihre Ausdruckskraft. Schon Paulus war sich bei seinem Briefverkehr dieses Problems bewusst. So schreibt er in seinem Brief an die Gemeinde der Galater absichtlich mit großen Buchstaben, um seinem Ernst besonderen Nachdruck zu verleihen (Galater 6,11). Und was für Briefe gilt, stimmt in einem noch viel größeren Maß für das Telefon. Hier reden wir ins Blinde hinein. Weder die Gestik noch die Mimik spielen eine Rolle, allein Stimme und Worte sind von Bedeutung. Es ist deshalb keine Übertreibung zu sagen, dass wir beim Telefonieren reduzierte Persönlichkeiten sind.

Achten Sie auf die Sperrzeiten

Telefonzeiten

Im Büroalltag ergeben sich die passenden Telefonzeiten automatisch aus den Arbeitszeiten. Für private Anrufe ist immer die Frage ausschlaggebend, ob die Zeit für den Anzurufenden willkommen ist. Grundsätzlich gibt es aber auch einige Sperrzeiten, die nur im Ausnahmefall außer Acht gelassen werden sollten. Dazu zählen Anrufe

- vor neun Uhr
- zwischen 13 und 15 Uhr
- nach 21 Uhr

Am Telefon melden

In Firmen gibt es meistens festgelegte Vorschriften, wie man sich am Telefon zu melden hat. Eine übliche Reihenfolge ist:

- Firmenname
- Vor- und Nachname
- Tagesgruß (z. B. „Guten Morgen")
- ggf. auch Begrüßungsfrage (z. B. „Was kann ich für Sie tun?")

In den eigenen vier Wänden reicht es, den eigenen Namen zu nennen. Ob auch der Vorname genannt werden soll, hängt davon ab, wie viele Personen im Haushalt leben. Auf jeden Fall ist es für den Anrufenden hilfreich, wenn sich Kinder mit Vor- und Nachnamen melden. Zu vermeiden sind auf jeden Fall Begrüßungen wie „Ja" oder „Hallo". Ist man in einem fremden Haus zu Gast und nimmt den Anruf in Empfang, sagt man „Bei Soundso". Hat man versehentlich die falsche Nummer gewählt, so gehört es zum guten Ton, nicht einfach aufzulegen, sondern sich freundlich zu entschuldigen.

Regeln der Freundlichkeit

- Hören Sie aktiv zu! Bleiben Sie nicht stumm wie ein Fisch, sondern äußern Sie sich durch Zwischenbemerkungen („Mm-jah", „Mm-hm").
- Essen oder trinken Sie nicht während des Telefonats. Glucksen und Schmatzen klingen am Telefon doppelt so schlimm wie im normalen Gespräch.
- Sprechen Sie den Telefonpartner mit Namen an. Das schafft Verbindung und Verbindlichkeit.
- Lassen Sie Ihr Gegenüber aussprechen.
- Bei schwierigen Telefonaten hilft es, bewusst zu lächeln. Probieren Sie es aus. Sie werden merken, wie das Lächeln Ihre Stimme und Stimmung beeinflusst.
- Bedanken sich am Ende für das Gespräch und richten Sie ggf. Grüße aus.

Telefonate beenden

Telefonate freundlich zu beenden ist manchmal schon eine Kunst. Im Zweifelsfall scheuen Sie sich nicht, Ihre anstehenden Termine oder Erledigungen zu benennen. Sagen Sie z. B.:

- „Es tut mir Leid, ich muss nun Schluss machen. Ich habe einen dringende Verabredung."
- „Können wir zu einem späteren Zeitpunkt darüber sprechen? Ich habe einen Folgetermin."
- „Meine Zeit ist jetzt sehr begrenzt. Wir sollten über dieses Thema aber noch einmal sprechen."
- „Es war sehr schön, mit dir zu sprechen. Leider muss ich das Gespräch nun beenden."

Wer gerade das Haus verlassen will, sollte sich sehr gut überlegen, ob er den Telefonhörer noch abnehmen will. Falls Sie es doch tun, fragen Sie den Anrufenden, ob er zu einer späteren Zeit noch einmal anrufen kann. Oder erbitten Sie eine Nummer, unter der Sie ihn später zurückrufen können.

TOP

Haben Sie Besuch, schalten Sie Ihr Telefon leise oder benutzen Sie einen Anrufbeantworter.

40

Unhöflich ist es immer, den Anrufbeantworter zu nutzen, obwohl man zu Hause ist und Zeit hat.

FLOP

Handy, SMS und Fax

Handy

84 Die Zeiten, als ein Handy noch ein Statussymbol darstellte, sind lange vorbei. Heute besitzt es fast jeder. Im Prinzip gilt auch für das Handy, was fürs Telefonieren überhaupt gilt. Die Tatsache aber, dass man mit dem Handy praktisch an jedem Ort angerufen werden kann, schafft eigene Probleme. So ist es in Flugzeugen, Krankenhäusern und bei Tankstellen aus Sicherheitsgründen verboten, das Handy zu benutzen. Im Auto ist es nur mit einer Freisprechanlage erlaubt. Darüber hinaus gibt es für das mobile Telefonieren Tabuzonen, die unbedingt beachtet werden sollten:

Achten Sie Tabuzonen

- Theater, Konzerte und Kinosäle
- Feiern und Einladungen
- Gottesdienste, Hochzeiten und Beerdigungen
- Museen
- Vorlesungen
- Besprechungen

Grundsätzlich ist das Handy überall dort unpassend, wo gesammelte Konzentration erwartet wird. Ist das Gespräch gar nicht zu umgehen, schalten Sie den Vibrationsalarm ein, bitten Sie Ihr Gegenüber um Entschuldigung und verlassen Sie ggf. den Raum. Auf jeden Fall sollten Sie vermeiden, Ihre Umgebung ungefragt zum Zeugen von persönlichen oder beruflichen Angelegenheiten zu machen. Dies gilt insbesondere bei Zug- und Busfahrten, in Käuferschlangen, Restaurants und Wartezimmern. Fassen Sie sich in solchen Momenten kurz, vereinbaren Sie einen späteren Termin oder schalten Sie Ihre Mobilbox ein. Führen Sie ein persönliches Gespräch, legen Sie Ihr Handy nicht sichtbar auf Tisch oder Stuhl. Zu Recht wird der Gesprächspartner den Eindruck bekommen, er sei Ihnen nicht so wichtig. Bei der Wahl des Klingeltons entscheiden Sie sich am besten für eine konservative Variante. Schrille Töne, lautes Hupen oder wirre Melodien sind nicht nur lächerlich, sondern auch oft eine Belästigung für die Öffentlichkeit.

SMS

SMS ist die Abkürzung für „Short Message Service", d. h. „Kurznachrichtendienst". Das Versenden einer SMS über das Handy wird auch „Simsen" genannt. Gerade junge Leute benutzen diesen Kommunikationsweg gerne, um sich gegenseitig Nachrichten zukommen zu lassen.

Im Vergleich zum Telefonieren ist die SMS oft die günstigere Alternative. Für wichtige Informationen, Einladungen und Absagen ist Simsen aber nicht geeignet. Zu oft hat der Adressat sein Handy ausgeschaltet oder ist die Batterie leer. Hinzu kommt das begrenzte Format der SMS, wichtige Details können hier nicht genannt werden.

Fax

Zwar ist das Fax technisch gesehen nicht mehr der letzte Schrei, doch gerade beim Versenden von unterschriebenen Texten hat es gegenüber der E-Mail einen Vorteil. Denn selbst Gerichte erklären in vielen Fällen das Fax für ein rechtswirksames Dokument.

Für das Fax gilt eigentlich alles, was auch beim normalen Brief gang und gäbe ist. Der wichtigste Unterschied ist, dass beim Faxen auch die Ressourcen des Empfängers in Anspruch genommen werden, also Papier und Toner. Deshalb sollte man in der Regel das Fax auf ein oder zwei Seiten begrenzen. Alle größeren Dokumente sollten telefonisch zumindest angekündigt werden.

TOP

Vertrauliche Faxe sollten telefonisch angekündigt werden.

80

Schalten Sie nervige Signaltöne auf der Tastatur Ihres Handys aus.

FLOP

Formen der Gastfreundschaft

Eine christliche Grundhaltung

Die hohe Wertschätzung eines offenen Hauses findet sich an vielen Stellen der Bibel. „Vergesst nicht, Gastfreundschaft zu üben, denn auf diese Weise haben einige, ohne es zu wissen, Engel bei sich aufgenommen", schreibt der Autor des Hebräerbriefes (Hebräer 13,2). „Wetteifert in der Gastfreundschaft", meint gar der Apostel Paulus (Römer 12,13). Und in den jungen Gemeinden wird die Gastfreundschaft ein Merkmal zur Auswahl für leitende Mitarbeiter (1. Timotheus 3,2). Gastlichkeit gehört also zum christlichen Profil. Oder negativ formuliert: Wer unter normalen Umständen nur selten einlädt, dem fehlt eigentlich ein wesentliches Element des Glaubens.

Gastlichkeit gehört zum christlichen Profil

Frühstück und Brunch

Wer zum Frühstück einlädt oder der Mischform zwischen Frühstück und Mittagessen (engl. Lunch), dem Brunch, plant normalerweise die Zeit bis zum Mittag ein. Um die Gäste einigermaßen bei Laune zu halten, sollte das Angebot dann auch über das normale Graubrot hinaus gehen. Eine Suppe und etwas frisch Gebackenes aus dem Ofen gehören unbedingt dazu. Ein guter Sekt oder ein Champagner sind ebenfalls eine angenehme Überraschung. Hier kennt die Kreativität keine Grenzen.

Empfang am Vormittag

Diese Einladung bietet sich besonders gut für feierliche Anlässe an, wie z. B. Verlobung, standesamtliche Heirat, Abschlussexamen oder Promotion. Von 10.00 bis 13.00 Uhr ist ein guter zeitlicher Rahmen. Ein pünktliches Erscheinen wird in der Regel nicht erwartet. Neben Kaffee, Tee, Sekt und Säften sollte ein kleiner Imbiss angeboten werden. Nicht zu mächtig, aber delikat.

Nachmittagskaffee

Es ist ein schöner Brauch, am Wochenende zum Nachmittag Gäste einzuladen. Neben dem Kaffee hält man natürlich auch Tee bereit. Sind Kinder dabei, dann werden auch Säfte und Mineralwasser kaltgestellt. Ältere Gäste schätzen auch entkoffeinierten Kaffee. Was den Kuchen anbelangt, so gilt: Mit viel Liebe, aber möglichst wenig Zucker und Sahne zubereiten. Die Einladung zum Kaffee wird auf etwa 15.00 oder 15.30 Uhr gesetzt. Hier und da schließt sich ein Spaziergang oder eine andere Aktivität an. Sie sollte aber vorher vereinbart werden.

TOP

Herzliche Gastfreundschaft hat schon oft aus Fremden Freunde gemacht.

Fünfuhrtee

Wie der Name schon sagt, wird diese Einladung um 17.00 Uhr angesetzt. Ihre Länge ist normalerweise auf eine Stunde, maximal 90 Minuten begrenzt. Wer also ausgedehntes Kaffeetrinken fürchtet, für den ist diese deutsche Variante des englischen „Five o'clock tea" eine ideale Alternative. Der Tisch wird hierfür nicht notwendigerweise gedeckt, ein Tablett oder ein Teewagen reichen aus. Zu Tee, Zucker und Sahne kann auch noch leichtes Gebäck gereicht werden. In manchen Familien ist der Fünfuhrtee eine feste Einrichtung, zu der gerne Gäste hinzukommen.

Abendessen

Die Einladung zum Abendessen ist die klassische Form der Gastfreundschaft und besitzt schon einen formellen Charakter. Sie ist in der Regel auf vier bis sechs Gäste beschränkt. Im Gegensatz zur spontanen Einladung am Sonntagmittag erfordert das Abendessen schon einen gewissen Aufwand. Vorspeise, Hauptgericht und Dessert sind die minimalen Elemente, die dazugehören. Die Zeit richtet sich sehr nach den familiären Umständen der Gastgeber oder Gäste. Sind Kinder noch ins Bett zu bringen, so bietet sich 20.00 Uhr als ideale Zeit an.

Die Party

Partys sind Ausdruck eines jugendlichen Lebensgefühls. Ungezwungenheit ist ihr Hauptmerkmal. Doch sie sind beileibe nicht beschränkt auf die junge Generation, denn mit ihrer Atmosphäre helfen sie auch Älteren jung zu bleiben! Partys beginnen fließend und schließen meistens erst dann, wenn der letzte Gast das Haus verlässt. Gelegenheiten bieten sich oft und sollten nie ungenutzt bleiben ...

Seine Freunde einladen kann jeder. Trauen Sie sich, Ihren Radius zu erweitern!

FLOP

Die Rolle des Gastgebers

Göttliches Vorbild

Gott verhält sich wie ein vollendeter Gastgeber zu uns. Das ist das Bild, das David im Psalm 23 von ihm entwirft: „Vor den Augen meiner Feinde deckst du mir deinen Tisch; festlich nimmst du mich bei dir auf und füllst mir den Becher randvoll“ (Psalm 23,5). Und auch Jesus Christus entwirft ein ähnliches Bild für die Ewigkeit: Er selbst wird an einem Tisch sitzen und mit seinen Jüngern essen und trinken (Lukas 22,30). Wenn also in der Bibel die Rolle des Gastgebers so hervorgehoben wird, ist es für den Christen eine Ehrensache, ein guter Gastgeber zu sein.

Für Christen ist es Ehrensache, ein guter Gastgeber zu sein.

Einladung

Natürlich gibt es die spontane Einladung. Und sie sollte auch immer eine Option sein, vor allen Dingen dann, wenn wir den Eindruck haben, jemandem damit eine Freunde machen zu können oder wenn unvorgesehenerweise ein alter Freund vor der Tür steht. Bei allen aufwändigeren Gelegenheiten sollte aber möglichst frühzeitig eine Einladung ausgesprochen werden. Je nach Ereignis geschieht dies per Karte, E-Mail oder eben mündlich. Eine Bitte um Antwort bis zu einem konkreten Datum darf nicht vergessen werden.

Empfang an der Tür

Klingelt es an der Tür, sollte man rasch öffnen und die Gäste freundlich in Empfang nehmen. Dazu gehören natürlich eine freundliche Begrüßung, das Händeschütteln sowie das Abnehmen der Jacken und Mäntel. In der Wohnung lassen wir die Angekommenen aber nicht wie Ölgötzen stehen, sondern bitten sie Platz zu nehmen oder bieten ihnen einen kleinen Aperitif an. Der Gastgeber verfährt hier quasi wie ein guter Lotse, der das neue Schiff in den Hafen leitet.

Bekannt machen

34

Sind mehrere Gäste geladen, so stellt der Gastgeber die Eingeladenen untereinander vor. Geschickt ist es, dies nicht nur mit dem Namen zu tun, sondern auch ein paar persönliche Eigenschaften zu nennen. Das erleichtert die Unterhaltung zwischen den Gästen erheblich.

Platzierung der Gäste

Bei der Vorbereitung von Hochzeitsfesten nimmt die Frage, wer wo sitzen soll, bekanntermaßen einen großen Raum ein. Neben der Frage nach der Nähe zu den Brautleuten ist es höflich, darüber nachzudenken, welche Gäste wohl gut als Tischnachbarn miteinander auskommen werden. Je kleiner die Gästeschar dagegen ist, desto weniger stellt sich diese Problematik. Allerdings sollten sich die Gastgeber einen Platz reservieren, von dem sie auch die Gäste gut versorgen können.

TOP

Bieten Sie nicht nur Essen und Getränke an, sondern schaffen Sie auch einen Rahmen für Gespräche und Offenheit.

Gutes Essen

Einfühlsame Gastgeber werden im Vorfeld sondieren, ob einige der Eingeladenen Allergiker sind oder ausgesprochene Abneigungen besitzen. Auf jeden Fall sollte sich das Essen nicht derart durch exotische Extravaganz auszeichnen, dass ihre Gäste nur homöopathische Dosen zu nehmen wagen. Zu einem guten Essen gehören natürlich auch gute Getränke. Die besten Gerichte verlieren ihren Glanz, wenn ein billiger Fusel angeboten wird.

Gespräche

Unter Freunden ergeben sich die Gespräche oft wie von selbst. Damit es bei neuen Gesichtern nicht zu Schweigeminuten kommt, darf man sich ruhig vorher einige Themen oder Fragen überlegen. Zum Themenwechsel bieten sich bestens die Phasen zwischen den einzelnen Gängen an.

Servieren

Angeboten wird das Essen immer von links. Eingeschenkt wird dagegen von rechts. Um niemanden zu übersehen, bietet es sich an, dies im Uhrzeigersinn oder umgekehrt zu tun. Begonnen wird beim ältesten oder vornehmsten Gast. Eine Unsitte ist es, wiederholt zum Nachnehmen aufzufordern. In der Regel sind Ihre Gäste reif genug, ihren Appetit richtig einzuschätzen. Sind alle zufrieden, räumt man die Teller von rechts wieder ab.

Laufende Fernseher und lautes Radio tragen wenig zu einer guten Atmosphäre bei.

FLOP

Zu Gast

Angenehmes Verhalten

Es ist gar nicht schwer, sich als Gast danebenzubenehmen. Das Buch Jesus Sirach nennt zwei solcher Fälle. Einmal ist es die zur Schau gestellte Begeisterung: ‚Wenn du an einem reich gedeckten Tisch sitzt, dann lass nicht vor Staunen den Mund offen stehen und sag auch nicht: ’Das ist mehr, als ich essen kann‘“ (Sirach 31,12). Im anderen Fall wird das hemmungslose Zugreifen kritisiert: „Wenn du mit mehreren zusammen bei Tisch sitzt, dann sei nicht der Erste, der zulangt“ (Sirach 31,18).

Pünktlichkeit

Wer nicht aufpasst, benimmt sich schnell daneben

Es ist im Fall einer Einladung besser, eine Viertelstunde zu früh zu kommen und dann noch ein paar Runden um die Häuserblocks zu drehen, als die Gastgeber mit einem späten Eintreffen in größere Unruhe zu stürzen. Ist es offensichtlich, dass man wegen der Kinder oder des Straßenverkehrs zu spät kommt, gebietet es die Höflichkeit, möglichst schnell die Gastgeber anzurufen.

Gastgeschenk

Zählt eine Frau zu den Gastgebern, sind frische Blumen immer eine gute Idee. Das Blumenpapier wird vorher schon entrollt und unsichtbar entsorgt. Ausnahme ist lediglich
102 die Klarsichtfolie um den Blumenstrauß. Freude bereitet oft auch ein persönliches Geschenk. Wer Autos verkauft, bringe ein hübsches Miniaturmodell der neuen C-Klasse mit; wer von einer langen Reise zurückkommt, wähle ein hübsches Souvenir von dort aus; wer öfter predigt, kann eine besonders gelungene Predigt auf CD schön verpackt weitergeben. Falls solche Dinge nicht zur Hand sind, bieten sich immer noch selbst gemachte Marmeladen und/oder eine Flasche des Lieblingsweins an. Selbst gestrickte Socken oder zerlesene Bücher sind keine gute Idee. Haben die Gastgeber Kinder, so lösen hier kleine Mitbringsel eine große Freude aus. Beim Thema Geschenke ist aber immer die Verhältnismäßigkeit zu beachten. Ein Geschenk sollte nie den anderen in Zugzwang setzen oder nächtelange Fragestürme auslösen.

Platz nehmen

An den Tisch setzt man sich nicht einfach unaufgefordert, sondern erst nach ausdrücklicher Einladung des Gastgebers. Ebenso wartet ein Mann, bis die Frauen ihren Platz gefunden haben, und Jüngere sollten darauf achten, dass erst ältere Gäste sich setzen. Kommen Sie zu spät und die Plätze links und rechts neben Ihnen sind schon besetzt, dann ziehen Sie Ihren Stuhl sachte nach hinten und entschuldigen sich mit einem freundlichen: „Darf ich?“ oder „Gestatten Sie?“.

TOP

Ein fröhliches Gesicht und eine aufgeräumte Stimmung sind das Schönste, was Sie schenken können.

Abschied nehmen

Wann ist die beste Zeit zu gehen? Bestimmt nicht erst dann, wenn Ihre Gastgeber sich bettfertig machen. Grundsätzlich gilt, dass Mitternacht auf keinen Fall überschritten werden sollte. Besser jetzt in guter Laune auf Wiedersehen sagen, als am nächsten Morgen mit einem Kater aufwachen. Zu früh sollte man wiederum auch nicht aufbrechen. Wer um 20.00 Uhr eintrifft und um 21.15 Uhr schon wieder gehen will, hinterlässt ebenfalls einen fragwürdigen Eindruck.

Danke sagen

Dankeschön sagt man beim Abschied, am besten so, dass es der Gastgeber richtig hören kann. Ein freundliches Zeichen ist es auch, am nächsten Tag kurz anzurufen oder eine E-Mail zu verschicken, in der man sich für den vergangenen Tag noch einmal bedankt. Gegeneinladungen sind nicht zwingend. Aber seltsam wäre es schon, wenn Sie sonst ein offenes Haus haben, große Partys organisieren, aber die nicht einladen, bei denen Sie selbst schon zu Gast waren.

Absagen

Eine angenommene Einladung wieder absagen zu müssen, ist unangenehm, kann aber jedem passieren. Zwei Dinge gilt es zu beachten: Erstens sollte die Absage möglichst früh vermittelt werden. Und zweitens sollte sie einen triftigen Grund haben. Lügen haben kurze Beine, das merkt auch der Gastgeber.

Falls Sie eine schüchterne Natur sind, überlegen Sie sich vorher einige Fragen, die Sie stellen können.

FLOP

Benimm bei Tisch

Manieren im Wandel

Wenn Höflichkeit die christliche Grundhaltung ist, dann sind die Manieren ihr angemessener Ausdruck. Auch wenn die Höflichkeit sich selbst nicht verändert, so variieren doch ihre Ausdruckformen. Die Tischmanieren sind dafür ein schönes Beispiel. Ein Blick in das Neue Testament zeigt, wie Jesus zu essen pflegte: In den Häusern setzte er sich nicht auf Stühle, sondern legte sich auf Bänke (Lukas 7,36). Und auch die Angewohnheit, Messer und Gabel zu benutzen, kannte er noch nicht, er aß vielmehr mit den Fingern (Johannes 13,26). Nun wäre es aber naiv zu meinen, Jesus hätte überhaupt keinen Wert auf Tischmanieren gelegt. Das Gegenteil ist richtig, denn Jesus orientiert sich ziemlich genau an den Maßstäben seiner Zeit. Höflichkeit ist also nie zu trennen von dem, was die Öffentlichkeit oder mein Gegenüber empfinden. Und das gilt auch für die Tischmanieren: Christlich geprägte Höflichkeit richtet sich an Verhaltensmustern, die gegenwärtig gültig sind.

Tischmanieren unterliegen dem Wandel der Zeit

Besteck

Seit dem 17. Jahrhundert haben Messer und Gabel Einzug in die deutschen Haushalte gefunden. Beim Essen werden das Messer mit der rechten Hand, die Gabel mit der linken Hand geführt. Das Besteck geht stets zum Mund und nicht umgekehrt. Das Messer wird allerdings nie in den Mund gesteckt. Nach dem Essen legt man Messer und Gabel nebeneinander auf den Teller; gekreuztes Besteck signalisiert, dass die Mahlzeit noch nicht beendet ist. Der Löffel wird mit der Spitze, nicht aber mit der breiten Seite zum Mund geführt. Nach Suppe oder Dessert gehört der Löffel auf den gebrauchten Teller.

Servietten

Sie werden, ob aus Papier oder Tuch, vorsichtig entfaltet und auf den Schoß gelegt. Komisch sieht es aus, wenn man sie wie ein Kinderlätzchen in Hemdkragen oder Ausschnitt steckt. Eigentlich sollte die Serviette während des Essens möglichst wenig benutzt werden. Ausnahme ist das leichte Abtupfen der Lippen, bevor man trinkt. Nach der Mahlzeit finden Servietten nicht auf dem Stuhl, sondern neben dem Teller ihren Platz.

Haltung

Gerade zu sitzen vermag eigentlich jeder. Der Rücken steht ein bis zwei Handflächen vom Stuhlrücken ab, vom Tisch sitzt man etwa eine Handbreit entfernt. Die Ellenbogen stützt man nicht auf, sondern belässt sie neben dem Körper. Beide Hände gehören bis zum Handgelenk auf den Tisch und nicht darunter. Weit ausholende Handbewegungen sollten mit Blick auf die Nachbarn tunlichst unterlassen werden.

TOP

Nehmen Sie sich Zeit zum Essen, schlingen Sie nichts hinunter.

Wer beginnt?

Ist man eingeladen, wartet man mit dem Essen, bis die Gastgeberin dazu auffordert oder selbst beginnt. Zum Glas greift man erst dann, wenn der Gastgeber es vormacht. Lautes Zuprosten ist doch eher die Ausnahme, netter wirkt es, sich leicht zuzunicken.

Und was nun?

Sind wir bei seltenen Speisen unsicher, wie sie zu handhaben sind, warten wir einfach ab und lassen es uns vormachen. Wer isst schon jeden Tag Austern oder Artischocken, sodass er behaupten könnte, hier ein Experte zu sein. Ist etwas nicht geraten oder gibt es eine Gräte zu viel, so macht man kein großes Aufheben davon. Ja, und dass man Kartoffeln nicht zu Brei zerknetet und verschiedene Eissorten nicht zu einer Melange verrührt, ist doch eine Selbstverständlichkeit, oder?

Unarten

Schmatzen, schlingen, schlabbern, schlürfen, schnalzen, schnaufen, schnauben, schnäuzen, schniefen – was Kleinkinder mit Begeisterung tun, wirkt bei Erwachsenen doch reichlich deplatziert und ist alles andere als appetitlich für die restlichen Tischgäste. Der Tisch ist kein Schlachtfeld, sondern sollte stets eine angenehme Ebene der Begegnung sein.

Rauchen

Wer rauchen möchte, fragt heutzutage immer den Gastgeber, ob er vor die Tür oder auf den Balkon treten kann. Anders liegt der Fall, wenn es üblich ist, in der Wohnung zu rauchen. Aber auch hier ist es ein Gebot der Höflichkeit, darauf zu achten, dass sich niemand der Anwesenden belästigt fühlt.

Ohne Absprache bringt man als Gast weder weitere Gäste noch Haustiere mit.

FLOP

Tischgebet

Ein guter Brauch

Die Gewohnheit, vor den Mahlzeiten zu beten, ist durch und durch biblisch. Die Evangelien erzählen, dass Jesus selbst so verfuhr: „Dann nahm Jesus die fünf Brote und die zwei Fische, sah zum Himmel auf und sprach das Segensgebet darüber“ (Lukas 9,16).

Mehr als ein Ritual

Gegen das Tischgebet gibt es heute viele ehrliche Einwände. Manche meinen, es sei gesetzlich, andere verweisen darauf, dass sie es in ihrer Kindheit als sehr oberflächlich erlebt haben. Das alles mag im Einzelfall stimmen, doch gibt es nicht viel mehr Gründe dafür? Wer vor dem Essen dankt, denkt an den, dem er alles verdankt. Wenn ich einem Menschen gerne danke, dann kann es bei Gott doch gar nicht anders sein.

Ein biblischer Brauch

Freie oder feste Form?

Für die täglichen Mahlzeiten bietet sich eine feste Form des Tischgebets an. Zum einen weil jede freie Form bei häufiger Wiederholung selber zur festen Form tendiert. Zum anderen lädt die feste und bekannte Form auch zum lauten Mitbeten der anderen Tischgäste ein.

Zurückhaltung sollte bei den allzu niedlichen Kindergebeten geübt werden. Schnell kann es passieren, dass heranwachsende Jugendliche meinen, mit der kindlichen Form des Gebets auch das Gebet als solches ablegen zu müssen. Warum also nicht Gebete wählen, in die junge Menschen hineinwachsen können? Auch hier ist gelegentliche Abwechslung eine gute Idee. In größerer Runde oder bei besonderen Gelegenheiten ist allerdings ein freies Gebet vorzuziehen. Es klänge schon ein wenig seltsam, wenn bei einem Geburtstagsessen mit vielen Gästen zum gemeinsamen Gebet eingeladen würde.

Gibt es Ausnahmen?

Grundsätzlich sollte das Tischgebet seinen festen und regelmäßigen Platz im Leben eines Christen haben, auch im Restaurant, in der Kantine oder anderswo. Dabei darf es aber nicht zu einer religiösen Demonstration entarten, geht es doch um meinen Dank an Gott. Das Tischgebet kann still und ohne Aufsehen ausgeübt werden. Was aber ist zu tun, wenn ich bewusst andere Menschen mit einbeziehe, etwa bei einem Abendessen mit geladenen Gästen? Hier bietet es sich an, einen kleinen erläuternden Satz vorauszuschicken, z. B.: „Bevor wir mit dem Essen beginnen, möchte ich gerne ein Gebet sprechen, um Gott zu danken.“ Das Gebet sollte dann auch möglichst natürlich klingen, eben so, wie ich sonst auch zu reden pflege. Eine Situation mag es allerdings geben, in der von einem lauten Tischgebet abzusehen ist, nämlich dann, wenn ich den Eindruck habe, jemanden damit zu brüskieren.

TOP

Glaube im Alltag – das regelmäßige Tischgebet ist ein einfacher Weg dazu.

Hausandacht

In der Reformationszeit wurde es in evangelischen Familien üblich, eine tägliche Hausandacht durchzuführen. Dazu gehörte u. a. das Lesen eines Bibeltextes, Segen, Lied und Gebet. Die eigenen vier Wände wurden so eine zweite kleine Kirche. Im Lauf der Jahrhunderte verlor sich dieser Brauch. Eigentlich schade. Denn sind nicht gerade die Eltern mitverantwortlich für die Weitergabe von Glaube und Gebet? Und ist es nicht auch für Ehepaare oder die Mieter einer Wohngemeinschaft inspirierend, sich gegenseitig biblische Texte vorzulesen, anstatt sie nur sonntags im Gottesdienst zur Kenntnis zu nehmen? Für Hausandachten bieten sich u. a. an:

- die Herrnhuter Losungen
- die tägliche Bibellese
- ein Andachtskalender
- für Kinder: Geschichten aus einer Kinderbibel

Abendsegen

Eine stilvolle Art, einen gemeinsamen Abend mit Gästen zu beschließen, ist ein Abendsegen. Biblische Vorbilder gibt es zuhauf, es kann aber auch eine moderne Version sein. Nicht das eigene Gespräch steht dann am Ende eines langen Tages, sondern ein göttliches Wort. Ihre Gäste werden es Ihnen danken.

Stiften Sie Freude: Legen Sie zu jedem Teller eine Karte mit einem christlichen Segensspruch.

FLOP

Tischreden

Esras Klassiker

Das Buch Nehemia berichtet, wie der Priester Esra seinerzeit die Israeliten zum Essen aufforderte: „Geht nun, esst und trinkt! Nehmt das Beste, was ihr habt, und gebt auch denen etwas, die nichts haben. Der heutige Tag ist ein Festtag zur Ehre des Herrn! Macht euch keine Sorgen, denn die Freude am Herrn umgibt euch wie eine schützende Mauer" (Nehemia 8,10). Bei so viel biblischer Warmherzigkeit sollten Christen heute nicht wie taube Nüsse am Tisch sitzen. Trist sind Feiern und Einladungen, bei denen das Essen ohne Rede oder Spruch zu sich genommen wird.

Genuss für die Ohren

Nicht länger als drei Minuten.

Tischreden sind immer dort angebracht, wo mehrere Menschen zu einer Mahlzeit zusammenkommen. In der Regel macht zuerst der Gastgeber oder ein Gratulant den Anfang. Bei einer Hochzeit ist es zumeist der Brautvater, der als Erster das Wort ergreift. Möchten mehrere etwas sagen, so ist Koordination unerlässlich. Höflich ist es, mit einer Tischrede so lange zu warten, bis wenigstens die Vorspeise beendet ist. Die Gäste sollen schließlich etwas im Magen haben. Um das Signal zur Tischrede zu geben, stößt mancher mit dem Löffel ans Glas. Etwas feiner sieht es aus, wenn der Redner sich einfach langsam erhebt. Besteht weiterhin Unruhe, ist es angebracht, seine Rede mit einer freundlichen Einleitung zu beginnen, etwa: „Darf ich einen Augenblick um Gehör bitten?". Damit die Rede dann – wie die Speisen selbst – ein Genuss wird, lohnt es sich, einige Regeln zu beachten.

In der Kürze liegt die Würze

„Eine gute Rede hat einen guten Anfang und ein gutes Ende – und beide sollten möglichst dicht beieinander liegen", hat es der amerikanische Schriftsteller Mark Twain treffend auf den Punkt gebracht. Für Tischreden gilt deshalb, dass sie nicht länger als drei Minuten dauern dürfen, in Ausnahmefällen maximal fünf Minuten. Alles darüber ist von Übel. Die Zeit der Vorbereitung darf dagegen ruhig länger sein. Experten gehen von der etwa 15-fachen Vorbereitungszeit für eine gute Rede aus. Sollten Sie feststellen, dass Sie erst als sechster Redner an der Reihe sind, streichen Sie großzügig Ihr Manuskript. Vielleicht können Sie ja dem Adressaten Ihre Worte noch später als Brief oder E-Mail nachsenden. Wenn Sie auf Notizen zurückgreifen, ist das völlig in Ordnung; wenn Sie frei sprechen können, umso besser. Aber schauen Sie den Adressaten freundlich an, ohne ihn starr zu fixieren. Auch andere Gäste wünschen Beachtung.

TOP

Suchen Sie sich einen geeigneten Platz, von dem aus Sie gut verstanden werden.

Persönlicher Ton

Sprechen Sie mit einem herzlichen und fröhlichen Ton. Pathos und eine weinerliche Stimme strapazieren viele Zuhörer zu Recht. Erinnern Sie an persönliche Begebenheiten, die besonders charakteristisch für den Angesprochenen sind. Vermeiden Sie dabei sowohl Lobhudeleien als auch hochnotpeinliche Bemerkungen. Kleine Sticheleien sind in Maßen erlaubt, dürfen aber nie die Oberhand gewinnen. Ein Onkel aus meiner Familie wählte immer einen Vers aus dem sogenannten Geburtstagspsalm, also z. B. beim 70. Geburtstag den Psalm 70, und nutzte ihn als Sprungbrett für seine Gedanken. Das kann – die rhetorische Begabung vorausgesetzt – recht originell wirken.

Der Toast

Am Ende einer Tischrede steht oft ein Trinkspruch. Dabei sollte das „Prost“ unterlassen werden. Schöner klingt z. B. „Auf euer Wohl“, „Auf einen schönen Abend“, „Dir zum Glück und Segen“. Der Begriff „Toast“ stammt aus dem alten England vor dreihundert Jahren. Dort kündigte man mit einem Stück geröstetem Brot im Weinbecher an, dass nun ein Trinkspruch folge. Anschließend aß der Redner die aufgeweichten Krumen. In kleineren Runden ist auch ein isolierter Trinkspruch ohne vorangehende Tischrede angebracht. Wer über ein gutes Gedächtnis verfügt, kann seinen Toast auch mit Klassikern garnieren. Bei Luthers Tischreden wird man eigentlich immer fündig, z. B. mit: „Die Jugend soll nicht traurig sein, sondern heiter und fröhlich. Junge Menschen sollen voll Frohsinn sein.“ Und dann weiter: „In diesem Sinne, lasst uns das Glas auf unseren jung gebliebenen Freund erheben!“

Vermeiden Sie politische oder kritische Themen.

FLOP

Im Restaurant

Orte der Gastlichkeit

Lokale, Gaststätten und Unterkünfte aller Art gibt es schon seit Menschengedenken. Dabei bieten diese Häuser viel mehr als nur Essen oder ein Dach über dem Kopf. Sie sind Orte der Begegnung und im Idealfall auch der Kochkunst. Das Lukas-Evangelium erzählt von einer Erfahrung, die sicher niemandem bisher erspart blieb: die des überfüllten Hauses (Lukas 2,7). Darum: Wer andere in ein Restaurant oder Gasthaus einlädt, ist gut beraten, einen Tisch reservieren zu lassen. Bei besonderen Anlässen ist auch ein Besuch vorab durchaus sinnvoll. Hier sollte nichts dem Zufall überlassen werden.

Haben Sie Gäste, vergessen Sie die Reservierung nicht

Zu Tisch

Wird ein Restaurant betreten, ist es üblich, vom Kellner an einen freien oder den reservierten Tisch geführt zu werden. Ist dies nicht der Fall, geht der Mann der Frau bzw. der Gastgeber dem Gast voraus. Am Tisch angekommen, bietet der Mann der Frau bzw. der Gastgeber dem Gast einen Platz an. Mäntel und Jacken sollten nicht auf freie Stühle, sondern an der Garderobe untergebracht werden.

Bedienung

Wie wird die Bedienung angesprochen? „Herr Ober“ ist bei männlichem Personal noch möglich, bei weiblichen Angestellten wird es schon schwieriger. „Frau Oberin“ passt wirklich nicht, und einfach „Bedienung“ zu rufen, hat etwas Verletzendes. Am einfachsten ist es wohl, den Blickkontakt zu suchen und mit einer dezenten Geste auf sich aufmerksam zu machen.

Amuse gueule

In manchen Restaurants gibt es diesen Gruß des Kochs vorab auf den Tisch. Er kostet nichts und soll die Zeit zum ersten Gang verkürzen. Nehmen Sie ihn deshalb dankbar an und blamieren Sie sich nicht mit dem beleidigten Vorwurf, Sie hätten das doch gar nicht bestellt.

Bestellung

Heutzutage sucht sich jeder selbst etwas aus der Speisekarte aus. Die Zeit ist vorbei, als der Mann der Frau etwas vorschlug. Natürlich kann man sich auch vom Tischnachbarn oder dem Kellner etwas empfehlen lassen. Sind Sie der Gastgebende, helfen Sie Ihrem Gast mit einigen Andeutungen, sich im richtigen Preisniveau zurechtzufinden. Schlagen Sie Ihm ein Gericht vor oder sagen Sie Ihm, wofür Sie sich entscheiden werden. Daran kann er sich dann orientieren. Sind Sie der Gast und Ihr Gastgeber unterlässt solche Bemerkungen, wählen Sie einfach etwas aus der mittleren Preisklasse aus. Ist die Auswahl erfolgt, legen Sie die Speisekarten zusammen. Das ist für den Kellner ein sicheres Signal, die Bestellung aufzunehmen.

TOP

Kinder lieben den Besuch von Restaurants, sind aber auch schnell gelangweilt. Überlegen Sie vorher, wie Sie sie bei Laune halten können.

Probierschluck

Ist eine ausgewählte Flasche Wein bestellt, so wird der Kellner zum Probierschluck auffordern. Dieses Kosten hat allerdings etwas Rituelles und darf nicht dahingehend missverstanden werden, die Bestellung aus fadenscheinigen Gründen wieder rückgängig zu machen. Man riecht ein wenig am Wein, schwenkt vorsichtig das Glas, damit der Wein Luft erhält, und kostet ihn dann. Sollte der Wein tatsächlich sauer oder korkig schmecken, bitten Sie den Kellner ebenfalls um eine Probe.

Rechnung

Es ist kein Problem, getrennt zu zahlen, es sollte dem Kellner aber vorher angezeigt werden. Im Falle einer Einladung ist es angebracht, dass der Gastgeber möglichst unauffällig die Rechnung begleicht. Entweder bezahlt er also mit Kreditkarte, oder er verschwindet diskret für einen Moment. Geldscheine auf dem Tisch auszubreiten kann dem Gast unangenehm sein.

Trinkgeld

Niemand ist in unserem Land gezwungen, Trinkgeld zu geben, der Takt aber gebietet es. Im Normalfall werden es etwa fünf bis zehn Prozent der Rechnungssumme sein. Waren Sie sehr zufrieden, geben Sie mehr, war es dürftig, bleiben Sie ruhig knauserig. Unüblich ist es, dem Personal beim Abräumen zu helfen, schließlich sind Sie der Gast.

Bestellen Sie lieber eine kleinere Portion, statt sich Reste einpacken zu lassen.

FLOP

Die Kunst des Schenkens

Die Botschaft der Geschenke

„Hast du jemand verärgert, so steck ihm heimlich ein Geschenk zu; das wird ihn besänftigen", heißt es im Buch der Sprüche (Sprüche 21,14). So wie hier verfolgt der Schenkende mit seiner Gabe oft ein Ziel. Geschenke beinhalten meist eine verborgene Botschaft und drücken etwas aus über die Beziehung zwischen dem Schenkenden und dem Beschenkten.

So ist es wohl auch mit den berühmtesten Geschenken der Bibel gewesen, den Schätzen, die die Weisen aus dem Orient dem neugeborenen Jesus überbringen (Matthäus 2). In der alten Kirche war man sich sicher, dass diese Männer mit ihrem Gold die besondere Würde ausdrückten, die dem Kind zukommt. Der Weihrauch, von alters her ein Symbol für das Gebet, sei ein Symbol für das Vertrauen, das sie dem Gottessohn entgegenbrachten. Und die Myrrhe als Balsam für die Toten versinnbildliche das, was Jesus für die Menschen einst tun werde.

Viele Geschenke haben eine Botschaft

Denken kommt vor Schenken

Damit Geschenke wirklich ankommen, ist es sinnvoll, einige häufige Fehler zu vermeiden. Recht unbeliebt sind „pädagogische" oder „moralische" Präsente, die den Beschenkten offensichtlich verändern sollen. Dazu zählen z. B. der Atlas für den in Geografie schwachen Schüler oder das Diätkochbuch für den übergewichtigen Ehemann.

Zu vermeiden sind auch Geschenke, die durch ihren enormen Wert beschämen oder wegen ihrer augenscheinlichen Wertlosigkeit düpieren. Hier sollte immer ein gesundes Maß gesucht werden. Und nichts ist schlimmer als ein fantasieloses Geschenk, etwa die fünfte Packung des Aftershaves, das der Mann eigentlich gar nicht so sehr schätzt, oder die zehnte Flasche Wein, obwohl der Adressat nur selten Alkohol trinkt.

Geschenke zwischen Frauen und Männern

Wenn Frau und Mann sich nur flüchtig kennen, sind manche Geschenke grundsätzlich tabu. Dazu zählen solche Präsente wie Kleidungsstücke, Bettwäsche, Parfüms oder Preziosen. Vielleicht kann man es so ausdrücken: Je näher ein Geschenk am Körper getragen wird, desto enger sollte die Beziehung zwischen Schenkendem und Beschenktem sein. Ist dieser Kontakt nicht vorhanden, wird ein solches Geschenk zu Recht als taktlos empfunden. Stellen Sie sich vor, Sie bekommen als Frau von einem losen Bekannten Nylonstrümpfe geschenkt. Hier stimmt doch etwas nicht.

TOP

„Geben ist seliger als Nehmen" heißt es in der Bibel. Deshalb: Werden Sie ein Mensch, der gerne und oft Geschenke weitergibt.

Vorrat anlegen

Wer hat nicht auch schon einmal mit dieser Situation Bekanntschaft gemacht: Kurz bevor man zum Besuch aufbricht, versucht man mit Schrecken noch ein Geschenk für den Gastgeber zu finden. Hier ist es nützlich, sich einen Fundus an hübschen Mitbringseln anzulegen, auf die jederzeit zurückgegriffen werden kann.

Die Verpackung

Geschenke werden immer mit einer Verpackung verschenkt. Einzige Ausnahme sind hier frische Blumen. Kleine Kinder mag es nicht stören, wenn man aus Verlegenheit auch einmal Pack- oder Zeitungspapier benutzt, für Erwachsene wäre das schon eine Brüskierung. In der Regel legt man das Präsent nicht einfach wortlos auf einen Tisch, sondern übergibt es dem Beschenkten mit ein paar freundlichen Worten.

Geschenke annehmen

Der Beschenkte sollte immer ehrlich und freundlich danken. Wenn die Gabe überhaupt nicht den Geschmack des Empfängers trifft, kann man der Unehrlichkeit so aus dem Weg gehen, dass man nicht die Sache an sich, sondern die offensichtliche Mühe des Schenkenden hervorhebt. Erhaltene Geschenke selbst weiterzuverschenken, sollte tunlichst unterlassen werden. Der Zeitpunkt, wann Geschenke ausgepackt werden, richtet sich wohl nach der Anzahl der Gäste. In einem kleinen Kreis kann es sofort geschehen, bei größeren Veranstaltungen wird das Auspacken auf einen besonderen Moment verschoben.

Geld schenkt man niemals ohne Kuvert.

FLOP

Geburtstag

Herodes

11

Zu Recht begehen wir den Geburtstag mit einem kleinen oder großen Fest. So drücken wir unsere Dankbarkeit über das Leben aus, das Gott uns geschenkt hat. Kleine Kinder warten in der Regel schon Wochen vorher sehnsüchtig auf diesen Tag, Ältere fürchten dagegen manchmal den Rummel und versuchen den Festlichkeiten zu entfliehen.

Dass Geburtstage nicht immer gute Auswirkungen haben, berichtet der Evangelist Matthäus: Die Tochter der Herodias tanzt am Geburtstag des Herodes und verlangt anschließend von ihm den Kopf Johannes des Täufers (Matthäus 14,6–10). Geburtstagsfeste können manchmal verhängnisvolle Entwicklungen nehmen ...

Der Geburtstag ist ein Fest des Lebens

Der Morgen

In Fernsehserien ist manchmal zu sehen, wie das Geburtstagskind morgens von der Familie mit einem kleinen Ständchen geweckt wird. Schön, wenn das gelingt. Auf jeden Fall verdient der oder die Gefeierte ein besonderes Frühstück mit einem Geburtstagskuchen. Und jeder freut sich mit, wenn der Kuchen auch mit Kerzen zum Ausblasen geschmückt ist.

Ein Geburtstagslied darf nicht fehlen, genauso wenig ein Gebet, das die Bitte um Segen für das nächste Jahr einschließt. In manchen Familien ist es auch üblich, den Teller oder Stuhl des Geburtstagskindes mit Blumen zu umkränzen. Manchmal gibt es in Familien eine Art „Ersatz-Geburtstag“ mit kleinem Geschenk für die anderen Geschwister. Das hilft über den Schmerz hinweg.

Einladungen

Wenn es so Brauch in der Schule ist, nehmen Kinder einen Kuchen mit; nachmittags feiern sie dann mit ihren Freunden den Kindergeburtstag. Berufstätige bieten ihren Kollegen in der Pause einen Imbiss an. Abends ist es dann angemessen, die weitere Familie oder gute Freunde zu einem Essen einzuladen. Hier sollte man sich frühzeitig in seinem Leben entweder für das Prinzip des offenen Hauses („Wer kommen mag, ist willkommen!") oder das der festen Einladung entscheiden. Ein häufiger Wechsel zwischen diesen beiden Varianten verschreckt potenzielle Gratulanten. Ein „runder" Geburtstag darf natürlich auch am folgenden Wochenende gefeiert werden.

TOP

Gratulieren Sie, auch wenn Sie nicht eingeladen sind.

Gratulation mit Stil

Wir gratulieren selbstverständlich auch dann, wenn wir nicht zum Geburtstagsfest eingeladen sind. Wie wir unsere Grüße übermitteln, richtet sich nach unserer Nähe zum „Geburtstagskind". Der telefonische Gruß drückt schon eine gewisse Intimität aus, der Wunsch auf dem Flur oder per E-Mail ist dagegen unverbindlicher. Der Glückwunsch mit Brief – frühzeitig zur Post gebracht – ist sicher am ausdrucksstärksten. Schreiben Sie Ihren Geburtstagsgruß nicht mit dem Computer, benutzen Sie lieber weißes Papier und schreiben Sie handschriftlich mit Tinte. Das gibt Ihrer Gratulation Gestalt und Stil.

Segenswünsche

Gratulationen wie „Ich drück dir die Daumen", „Toi, toi, toi" oder gar drei Mal auf den Tisch zu klopfen ist nicht nur geschmacklos, sondern auch ein Rückgriff auf dunklen Aberglauben. Aber auch Wünsche wie „Hauptsache gesund" oder „Dir alles Gute" sind im Grunde doch ein bisschen dürftig. Richtig wohltuend ist es, in solchen Fällen auch den Segen Gottes für das kommende Jahr zu wünschen. Das gilt auch dann, wenn der Adressat kein ausgewiesener Christ ist. Hier muss natürlich jede Aufdringlichkeit vermieden werden.

Vermeiden Sie pädagogische Geschenke, die erziehen sollen.

FLOP

Taufe und Kindersegnung

Zusage von Gottes Liebe

Kinder sind ein Geschenk von Gott. Jeder Vater und jede Mutter kennt die Dankbarkeit, wenn man nach der Geburt das eigene Kind in den Händen halten darf. Was liegt näher, als den Sohn oder die Tochter auch unter Gottes Schutz zu stellen. In den evangelischen Kirchen und Freikirchen gibt es dazu traditionell zwei Wege. In den Landeskirchen ist es üblich, das Kind möglichst früh taufen zu lassen. In vielen Freikirchen wird die Taufe dagegen nur als Glaubenstaufe im Erwachsenenalter durchgeführt. Stattdessen werden die Kinder nach der Geburt in einem festlichen Akt im Gottesdienst gesegnet. Egal welchen Weg man nun wählt: In beiden Fällen stehen das Kind und die Dankbarkeit gegenüber Gott im Mittelpunkt. Und das sollte auch gebührend gefeiert werden.

Taufe und Kindersegnung sind ein Ausdruck der Freude

Der Gottesdienst

Normalerweise wird es immer möglich sein, hier durch einzelne Programmelemente oder Dekoration persönliche Akzente zu setzen. Was das Kind im Gottesdienst trägt, ist nicht festgelegt. Manche Familien besitzen Taufkleider, die durch die Generationen hindurch weitergegeben werden. Sprechen Sie mit dem Pastor den Ablauf des Gottesdienstes ab. Vergessen Sie nicht, eine einzelne Person um das Fotografieren zu bitten, damit die Würde des Gottesdienstes nicht in einem Blitzgewitter untergeht.

Die Paten

Sowohl bei Taufen als auch bei Kindersegnungen ist es üblich, Paten mit einzubeziehen. Ihre eigentliche Aufgabe ist es, das Kind dabei zu unterstützen, in den Glauben hineinzuwachsen. Manche Eltern wählen ihre leiblichen Geschwister als Paten aus. Andererseits können Paten außerhalb der eigenen Familie neue Anstöße und Impulse vermitteln. Es ist vorteilhaft für die Paten, eher jüngere Pateneltern zu suchen, die auch noch dann Ansprechpartner sein können, wenn die Paten in das Erwachsenenalter eintreten. Laden Sie die Paten auch regelmäßig zu den Geburtstagen Ihrer Kinder ein, ermöglichen Sie Besuche und schicken Sie ihnen Bilder von den Kindern zu.

Die Feier

Nach der Kindertaufe oder Kindersegnung ist es angemessen, Familie, Verwandtschaft und Freunde einzuladen. Auch der Pastor Ihrer Gemeinde sollte aus Höflichkeit eine Einladung erhalten. Wenn er sie annehmen kann, umso besser. Für die Dekoration der Tische bieten sich die typischen Babyfarben Rosa (bei Mädchen) und Hellblau (bei Jungen) an. Aber noch wichtiger ist natürlich, dass die Tischdecken und Tischkarten zum Ambiente Ihrer Wohnung und Ihrem Geschmack überhaupt passen. Ein schöner Brauch ist es, im Rahmen einer solchen Familienfeier einen Lebensbaum zu pflanzen. Er drückt unnachahmlich aus, dass unser Leben und unser Glaube ein stetiges Wachstum sind.

TOP

Verschenken Sie etwas, das von Dauer ist.

Geschenke

Für die Gäste liegt es nahe, dem Kind Dinge zu schenken, die für die Eltern eine Hilfe sind, also Kleidung oder Spielzeug. Aber gerade die Pateneltern sollten an diesem Festtag versuchen, ein Geschenk mit bleibendem Wert zu machen. So ist es z. B. üblich, dass ein silbernes Besteck oder ein kostbares Service verschenkt wird. Eine schöne Idee ist auch eine goldene Münze, verbunden mit dem freundlichen Wunsch, dass es dem Kind im zukünftigen Leben an Geld nicht mangeln soll.

102

Zu einem solchen Tag gehört auch ganz bestimmt eine schöne Kinderbibel, aus der später vorgelesen werden kann und die eine langfristige Erinnerung bedeutet. Bei einer Kindertaufe wird auch manchmal eine Taufkerze verschenkt. Sie muss nicht unbedingt gekauft werden, sondern lässt sich auch selbst herstellen. Die nötigen Materialien wie Kerzen und Wachsplatte sind in den meisten Bastelgeschäften erhältlich. Auf der Kerze sollten dann der Name des Kindes, der Tauftag und ein biblisches Symbol zu sehen sein.

Nehmen Sie keine Patenschaften an, wenn Ihnen Zeit oder Lust fehlt.

FLOP

Konfirmation, Kommunion und Bibelunterricht

Unterschiedliches Verständnis – eine Feier

Der Begriff „Konfirmation“ geht auf das lateinische Wort „confirmatio“ zurück, was so viel wie „Stärkung“ oder „Befestigung“ meint. Darunter versteht man in den evangelischen Landeskirchen die Bestätigung der Kindertaufe, die auch gleichzeitig Voraussetzung der Konfirmation ist. In vielen Freikirchen spricht man dagegen von „Bibelunterricht“, der das Ziel hat, die Kinder auf eine spätere Glaubenstaufe vorzubereiten. In der katholischen Kirche ist die „Firmung“ ein Sakrament, das die Taufe ergänzt und vollendet. Sicher liegt hier jeweils ein anderes Verständnis vor, doch gibt es auch viele Gemeinsamkeiten. Der Konfirmations- oder Bibelunterricht dauert etwa ein bis zwei Jahre und schließt mit einem festlichen Gottesdienst zwischen Palmsonntag und Pfingsten ab. Lange Zeit fiel dieser Abschluss mit dem Ende der Schulzeit zusammen und war somit das Zeichen des Erwachsenwerdens. Auch wenn das schon lange nicht mehr der Fall ist, sind die Feierlichkeiten von Konfirmation und Bibelunterricht erhalten geblieben. Und das ist auch gut so: Denn damit vermitteln wir den jungen Menschen, dass es etwas Bedeutsames ist, die Bibel kennen zu lernen und über den eigenen Glauben nachzudenken. In den neuen Bundesländern ist vielerorts die sogenannte „Jugendweihe“ verbreitet. Sie wurde zur Zeit der DDR vom Staat propagiert, um den Kindern ein Alternativangebot zur Konfirmation zu machen.

Der Jugendliche steht im Mittelpunkt

Die Kleiderfrage

20

Früher war der Abschlussgottesdienst oft der Zeitpunkt, an dem das erste Kleid oder der erste Anzug gekauft wurde. Heute geht es meistens etwas legerer zu. Trotzdem, die Kleidung sollte der Feier des Tages angemessen sein. Zerfetzte Jeans, bauchfreies T-Shirt und Turnschuhe sind nicht das Maß aller Dinge. Auf der anderen Seite: Wenn der Sohn oder die Tochter sonst gar nicht mitkommen mag, sollte man schon Toleranz üben. In manchen Kirchen und Gemeinden gibt es auch regelrechte Kleiderordnungen. Hier erübrigt sich dann jede Diskussion. Die Kleiderfrage wird auch dann nachrangig, wenn Ihr Sprössling merkt, wie Sie diesen Tag einschätzen und sich kleiden werden.

Die Familienfeier

Tragen Sie mit dazu bei, dass Ihr Kind wirklich den Eindruck erhält, dieser Tag sei „sein Tag". Sprechen Sie mit ihm die Gästeliste durch, entscheiden Sie gemeinsam die Speisenfolge, denken Sie mit ihm über die Tischordnung nach und – sollten Sie auswärts feiern – suchen Sie zusammen das Lokal aus. Es wäre jammerschade, wenn Ihr Teenager nach der Feier denkt, dies sei wieder ein „übliches Familienfest" gewesen.

Auch wenn es unsicher ist, ob der Pastor zur Feier kommen kann, sollten Sie Ihn einladen, hat er doch die vergangenen Monate mit Ihrem Kind gemeinsam verbracht.

TOP

Spätestens eine Woche nach der Feier sollten die Dankkarten verschickt werden.

Geschenke

Eltern können mit den Kindern eine Geschenkliste vereinbaren, die den Gästen genannt wird. In vielen Fällen ist es so, dass die Kinder sich Geld wünschen, um sich eine größere Anschaffung zu leisten. Vergessen Sie als Gast in solchen Fällen nicht, das Geld in ein Kuvert zu stecken und eine jugendgemäße Karte beizufügen.

102

Verzichten Sie besser auf „pädagogische" Begleitgeschenke wie Lexika, Duden oder Vokabeltrainer. Fragen Sie lieber die Eltern, welche Musik der Teenager gerne hört oder welche Bücher er vorzugsweise liest, und passen Sie sich dementsprechend an. Auch mit Bibeln sollte man vorsichtig sein: Sie wird in vielen Fällen von den Kirchen verschenkt. Bei Konfirmation und Bibelunterricht ist es auch üblich, als Nachbar oder Bekannter der Familie zu schenken, selbstverständlich auch dann, wenn man nicht zur Feier eingeladen ist.

Auf Geschenke verzichten, weil man nicht eingeladen ist? Das ist kleinlich!

FLOP

Das Rendezvous

Das Beispiel von Rut

Wer kennt als Single nicht auch diesen Traum: Eines Tages steht unvermittelt ein Prinz oder eine Prinzessin vor der Tür. Man schaut sich an und weiß sofort, dass man füreinander geschaffen ist. Diese Wunschvorstellung hat jedoch wenig mit der Realität zu tun. Auch die Bibel zeichnet ein anderes Bild. Wohl setzt sie voraus, dass unsere Wege von Gott geführt werden. Das schließt aber das eigene Engagement nicht aus. So wird im alttestamentlichen Buch Rut recht detailliert erzählt, was die junge Rut alles in Bewegung setzt, um ihren Arbeitgeber Boas als Mann zu gewinnen (Rut 3). Zum gegenseitigen Kennenlernen ist ein Treffen sicher der beste Weg. Kennt man sich vorher nur flüchtig oder gar nicht, spricht man eher von einem „Date“ oder gar „Blind date“. Geht dem Treffen ein längeres Kennenlernen voraus, ist der Begriff „Rendezvous“ schon angemessener. Hier einige Tipps, die beachtet werden sollten:

Beziehungen fallen nicht vom Himmel

- Wählen Sie einen neutralen Ort für das Treffen aus. Die eigene Wohnung ist eher ungünstig, denn sie kann eine Vertrautheit signalisieren, die Sie vielleicht später bereuen. Mögliche Treffpunkte sind z. B. ein Café, ein Restaurant, das Kino oder ein Park
- Beschränken Sie Ihr Treffen auf ein oder zwei Stunden. Im Zweifelsfall haben Sie so die Chance, ohne große Erklärungen wieder zu gehen.
- Treten Sie selbstbewusst auf. Vergessen Sie Ihre Unsicherheit für einen Moment, indem Sie Blickkontakt zu Ihrem Gegenüber halten. Lächeln Sie in den passenden Momenten.
- Reden Sie nicht zu viel von Ihren Problemen oder Schwierigkeiten. Das überfordert manchen Gesprächspartner. Sicher sind auch die Schattenseiten ein Teil unseres Lebens. Aber sie sollten erst dann zur Sprache gebracht werden, wenn das Vertrauen stark genug ist, um damit umzugehen.

TOP

Wenn Sie einen „Korb" geben, dann füllen Sie ihn mit Blumen.

- Seien Sie weder verschlossen noch dominant. Bestimmen Sie das Treffen nicht mit Ihren Dauermonologen. Menschen, die allzu viel reden, wirken oft wie schlechte Zuhörer. Stellen Sie lieber Fragen und versuchen Sie sich im Smalltalk. Das gemeinsame Gespräch ist ja nicht dazu da, die letzten Welträtsel zu lösen, sondern abzuklopfen, ob eine gleiche Wellenlänge existiert.
- Als Frau sollten Sie sich die Freiheit nehmen, Ihr Gegenüber auch anzusprechen. Denn viele Männer sind an dieser Stelle recht schüchtern. Legen Sie Wert auf Ihr Äußeres, aber übertreiben Sie es nicht mit Kleidung oder Kosmetik. Sonst könnte Ihr Auftreten als zu aufdringlich empfunden werden.
- Formulieren Sie als Mann kleine Komplimente, die aber nicht plump wirken dürfen. Kennen Sie die Frau schon näher, dann bringen Sie Ihr eine kleine Aufmerksamkeit mit. Und im Café dürfen Sie die Rechnung ruhig schon übernehmen. Tun Sie dies aber nur nach freundlicher Rücksprache („Darf ich?"). Das wird geschätzt.
- Ziehen Sie Ihr Treffen nicht zu sehr in die Länge. Wenn es am schönsten scheint, versuchen Sie zum Ende zu kommen. Damit bauen Sie für ein zweites Treffen eine positive Spannung auf.
- Seien Sie kritisch, aber nicht zu kritisch. Werten Sie ggf. das Treffen auch mit einem Freund aus. Auch wenn der ursprüngliche Funke nicht gleich zu einem Flächenbrand wurde, ist eine weitere Verabredung vielleicht doch sinnvoll.
- Und falls Sie ernüchtert sind? Bemühen Sie sich, die Begegnung locker zu sehen. Das alles ist kein Drama oder Grund zu Selbstmitleid. Wenn Ihre Ablehnung zur Sprache kommt und Sie die emotionale Kraft haben, können Sie das dem anderen auch freundlich sagen. Versuchen Sie es mit einer Prise Humor und verpacken Sie das Nein in Watte, z. B. so: „Ich glaube, das wird nichts zwischen uns beiden. Mein Traumpartner darf nicht so nett sein wie du."

Zu viel Offenheit am Anfang ist kein guter Start.

FLOP

Verlobung

Maria und Josef

Eine Verlobung ist seit alters her die gegenseitige Zusicherung von Mann und Frau, einander zu heiraten. Zur Zeit Jesu stellte die Verlobung in Israel sogar ein rechtsverbindliches Eheversprechen dar. Dieses wurde dann nach der Hochzeit praktisch realisiert, wenn der Bräutigam die Braut festlich in das eigene Zuhause führte. So wurde auch Maria, die Mutter von Jesus, aufgrund ihrer Schwangerschaft als Ehebrecherin gesehen. Ihr Mann Josef hätte theoretisch das Recht gehabt, sie anzuklagen und zu verlassen.

Auch heute noch gilt eine Verlobung juristisch als Vertrag. Die Folgen sind allerdings gering. So kann das Heiratsversprechen nicht erzwungen werden. Wird aber eine Verlobung gelöst, können im Einzelfall z. B. Verlobungsgeschenke oder Liebesbriefe zurückgefordert werden.

Verlobung ist die Zusicherung der Heirat

Heiratsantrag

Vor der Verlobung steht naturgemäß der Wunsch der beiden Verliebten zu heiraten. Zum Heiratsantrag vor der Partnerin auf die Knie zu fallen, ist sicher nicht mehr zeitgemäß. Die Rollen sind heute nicht mehr so eng gefasst, dass diese Frage nicht auch gemeinsam erörtert werden könnte. Trotzdem behält es einen gewissen Charme, wenn der Mann die alles entscheidende Frage stellt und sie in ein romantisches Gewand kleidet. Das kann ganz privat beim Mondschein oder im hellen Licht der Öffentlichkeit geschehen. Im zweiten Fall sollte er sich der Zustimmung allerdings ziemlich gewiss sein, sonst ist das Fiasko vorgezeichnet.

Selbst wenn das offizielle „Um-die-Hand-anhalten" des Mannes beim zukünftigen Schwiegervater so auch nicht mehr üblich ist, sollten die Eltern doch in angemessener Weise informiert werden. Kritische Rückfragen dürfen nicht gleich krumm genommen werden, geht es doch hier um eine wirklich bedeutende Entscheidung.

Verlobungsfeier

Viele Verliebte betrachten die Verlobung als einen ausgesprochen privaten Akt, von dem sie später erst anderen erzählen. Andere feiern sie im größeren Rahmen, wozu sie auch einladen. Ein traditioneller Weg ist der Sektempfang bei den Brauteltern, es kann aber auch eine Grillparty oder ein festliches Abendessen werden. Wenn der Brautvater eine kleine Rede gehalten hat, bedankt sich der Bräutigam, und zum Höhepunkt stecken sich die Verlobten gegenseitig ihre Ringe an. Dann stoßen die Anwesenden auf das glückliche Paar an.

TOP

Zur Verlobung gehören Ringe und rote Rosen.

Anzeige der Verlobung

Der gebräuchlichste Weg, die Verlobung bekannt zu geben, ist eine Verlobungsanzeige, die allen Familienmitgliedern und Freunden zugesandt wird. Darüber hinaus ist eine Annonce im kirchlichen Gemeindebrief oder in der kommunalen Zeitung möglich. Ein häufig benutzter Text ist schlicht „Wir haben uns verlobt" oder „Wir geben unsere Verlobung bekannt". Der Name der Frau wird dabei zuerst genannt. Auch bei der Verlobung lohnt sich schon eine Geschenkliste, die von den Eltern weitergegeben wird.

Verlobungsringe

Kaufte früher der Bräutigam Verlobungsringe, sucht sich heutzutage das Paar die Ringe meistens gemeinsam aus. Achtung: Für den Gang zum Juwelier sollte genügend Zeit eingerechnet werden, denn es passiert immer wieder, dass nicht alle Ringe in den erforderlichen Größen vorhanden sind. War früher der schlichte Goldreif das Nonplusultra, so gilt es jetzt auch als schick, einen Ring mit Stein zu wählen. Allerdings sollte man vorsichtig bei extravaganten Modellen sein, denn die Ringe sollen ja ein Leben lang gefallen. Zur Verlobung werden die Ringe auf den Ringfinger an der linken Hand gestreift, zur Hochzeit wechseln sie dann an die rechte Hand. In die Ringe werden normalerweise der Tag der Verlobung, der Name des Partners und später das Datum der Hochzeit eingraviert.

Mit öffentlichen Zärtlichkeiten seien Sie lieber zurückhaltend.

FLOP

Standesamtliche Trauung

Zwei Seiten einer Medaille

Nach christlichem Verständnis gehören zur Eheschließung heute zwei Dinge: die standesamtliche Trauung und der Hochzeitsgottesdienst. Während auf dem Standesamt die Ehe rechtsverbindlich geschlossen wird, steht im Traugottesdienst die Bitte um Segen für das Ehepaar im Mittelpunkt.

Polterabend

Zur Hochzeit gehören Standesamt und Trauung

Üblich ist es, am Tag vor der standesamtlichen Trauung zu einer Party einzuladen, bei der Abschied vom Singledasein gefeiert wird. Der Begriff „Polterabend" geht auf die alte Vorstellung zurück, dass das Brautpaar gerade in dieser Zeit von bösen Geistern attackiert wird und man diese durch lautes Poltern vertreiben müsse. Deshalb bringen mancherorts die Gäste auch Porzellan mit, das dann gemeinsam zerschlagen wird. Eine, wie mir scheint, doch recht abergläubische Haltung, die deswegen nur mit Vorsicht zu genießen ist. Angenehmer ist doch ein Abend, an dem gerade die Nachbarn und Freunde eingeladen werden, die nicht an der eigentlichen Hochzeit teilnehmen können. Aus den angelsächsischen Ländern stammt der Brauch, anstelle des Polterabends für Braut und Bräutigam getrennte Abschiedsfeiern zu veranstalten.

Die Wahl des Standesamts

Im Normalfall entscheidet sich das Paar für das Standesamt im Heimatort. Es ist aber auch möglich, an anderen Orten oder vielleicht sogar im Ausland zu heiraten. So bietet z. B. die Nordsee-Insel Pellworm verliebten Paaren rund ein Dutzend verschiedene Heiratsformen an. Der Standesbeamte ersteigt u. a. den Leuchtturm und fährt auch mit dem Krabbenkutter ins Meer hinaus. Wer so etwas plant, muss allerdings unbedingt eine längere Reservierungszeit einkalkulieren. Das gleiche gilt auch für besondere Termine, wie etwa den 7.7.2007. Hier ist der Andrang auf die Standesämter erfahrungsgemäß sehr hoch.

Termin

Viele Paare wählen den Freitag für die standesamtliche Trauung, um am Samstag den Gottesdienst in der Kirche zu feiern. Gegen eine zusätzliche Gebühr führen viele Standesämter aber auch eine Trauung am Samstag durch, meist aber nur bis zur Mittagszeit.

TOP

Laden Sie die Trauzeugen zu einem Imbiss ein.

Zeremonie

Die standesamtliche Eheschließung dauert in der Regel 15 bis 20 Minuten. Damit sie nicht allzu nüchtern ausfällt, sollte man sich vorher einige Gedanken machen. Nach Absprache mit dem Standesbeamten kann die Zeremonie durch Musik oder persönliche Beiträge von Gästen erweitert werden. Manche Standesämter verfügen auch über einen hübschen Raum, in dem anschließend ein kleiner Empfang stattfinden kann. Je nach Gelegenheit empfangen auch Freunde oder Arbeitskollegen das frisch verheiratete Paar vor dem Standesamt. Seit 1998 ist es nicht mehr vorgeschrieben, Trauzeugen zu benennen. Viele Paare halten aber an diesem Brauch fest. In der Regel sind die Trauzeugen gute Freunde oder enge Verwandte, die das Paar durch die Feierlichkeiten hindurch begleiten. Für die standesamtliche Trauung ist eine festliche Kleidung angemessen. Wenn die kirchliche Trauung auf den selben Tag fällt, ist zu überlegen, ob nicht schon die Hochzeitskleidung getragen wird. Es bietet sich an, die Zeit zwischen standesamtlicher Trauung und Hochzeitsgottesdienst für den Fototermin zu nutzen.

Die Namenswahl

War es früher so geregelt, dass die Ehefrau den Familiennamen des Ehemannes übernahm, räumt das deutsche Namensrecht mittlerweile auch die Möglichkeit ein, den Familiennamen der Frau zu wählen. Auch Doppelnamen oder die Beibehaltung der bestehenden Namen sind Varianten. Mit Blick auf spätere Kinder sollte das Paar sich aber besser auf einen einheitlichen Namen einigen. Sicher kann das Paar auch den Namen der Frau wählen. Trotzdem entscheiden sich heute noch die meisten Ehepaare für die herkömmliche Namensgebung, d. h., die Braut nimmt den Namen des Ehepartners an.

Als Bräutigam dürfen Sie die Blumen nicht vergessen.

FLOP

Kirchliche Trauung

Die Hochzeit zu Kana

Obwohl Jesus Christus selbst nicht geheiratet hat, stand er der Ehe doch sehr positiv gegenüber. Das Johannes-Evangelium berichtet sogar von einer Hochzeit, die er selbst besucht hat (Johannes 2). Hier verharrt er aber nicht in einer Zuschauerrolle, sondern trägt zum Gelingen des Festes bei: Jesus verwandelt nämlich sechs große Krüge mit Wasser in besten Wein. Wenn schon Jesus seine Wunderkräfte benutzt, um eine Hochzeitsfeier zu unterstützen, dann sollten wir mit den Vorbereitungen, die uns möglich sind, nicht zurückstehen. Neben der standesamtlichen Trauung bildet der Hochzeitsgottesdienst den Höhepunkt der Eheschließung. Hier stehen die gemeinsame Freude und die Bitte um Gottes Segen im Mittelpunkt.

Der Segen Gottes steht im Zentrum

Das Äußere des Gottesdienstes

Besprechen Sie mit dem zuständigen Pastor alle Detailfragen. Heiraten Sie in einer beliebten „Hochzeitskirche", lohnt es sich, den Termin möglichst früh zu vereinbaren. Wenn Sie sich die Mühe machen möchten, kann der Saal meist auch mit einem besonderen Blumenschmuck dekoriert werden. Um ein wildes Blitzlichtgewitter zu vermeiden, bitten Sie einen geübten Fotografen, Aufnahmen zu machen, damit die Atmosphäre nicht gestört wird. Der frühere Brauch, im Anschluss an den Gottesdienst Reis als Glücksbringer auf das Brautpaar zu werfen, ist heute eher selten geworden. Oft lehnt das Hochzeitspaar das abergläubische Element dieser Gewohnheit ab. Auch verweist man zu Recht darauf, dass in vielen armen Ländern der Reis ein Hauptnahrungsmittel ist, mit dem man nicht so achtlos umgehen sollte.

Der Ablauf

Viele Hochzeitsgottesdienste haben einige übliche Elemente wie Predigt, Trauversprechen, Ringwechsel und Segen. Dazu kommen viele individuelle Stilmittel, über die jedes Paar selbst entscheiden kann. War es einst immer so, dass der Pastor mit dem Brautpaar in die Kirche trat, ist es heute auch üblich, dass der Brautvater seine Tochter bis zum Altar führt. Dahinter steht die Vorstellung, dass der Vater nun seine Tochter aus der Vormundschaft entlässt. Jedes Paar mag hier seinem eigenen Geschmack folgen. Eine schöne Sitte ist es, Blumenkinder zu bestimmen, die beim Ein- und Ausgang des Brautpaares Blumenblätter verstreuen. Das Treueversprechen der Brautleute kann im traditionellen Frage- und Antwortverfahren ausgedrückt werden. Sie können aber auch in Absprache mit dem Pastor ein persönliches Eheversprechen formulieren.

TOP

Neben dem Brautpaar sitzen immer die Brauteltern.

Hochzeitsgäste

Sind Sie zu einer Hochzeit eingeladen, geben Sie möglichst bald eine Antwort, damit das Paar besser planen kann. Mit Blick auf das weiße Hochzeitskleid der Braut, das heute immer noch üblich ist, verzichten Sie auf weiße oder allzu helle Kleidungsstücke. Auf der sicheren Seite sind Sie als Frau, wenn Sie ein dunkles oder gedecktes Kleid tragen. Für männliche Gäste gehört der Anzug zum guten Ton. Auch hier sollten die Farben dezent sein.

Gratulation

Nach dem Gottesdienst stellen sich die Gäste geduldig in eine Reihe, um dem Brautpaar zu gratulieren. Beglückwünschen Sie zuerst die Braut, dann den Bräutigam und anschließend die Eltern. Sollten Sie Letzteren unbekannt sein, drücken Sie zuerst Ihre Gratulation aus und stellen Sie sich dann kurz vor.

Geschenke

In aller Regel findet sich auf der Hochzeitsanzeige eine Adresse, die wegen weiterer Fragen konsultiert werden kann. Erkundigen Sie sich nach einer Geschenkliste mit Wünschen des Paares. Ansonsten entscheiden Sie sich am besten für ein Geldgeschenk mit freundlicher Glückwunschkarte. Das ist allemal besser, als dem Paar den dritten Toaster zu überreichen …

Das Geschenk sollte Sie dem Hochzeitspaar weder vor noch nach dem Gottesdienst übergeben werden. Halten Sie vielmehr nach einem Geschenktisch Ausschau.

Vergessen Sie nicht, den Pastor zur Feier einzuladen.

FLOP

Jubelhochzeiten

„... bis dass der Tod euch scheidet"

Im Rahmen der kirchlichen Trauung versprechen sich Braut und Bräutigam gegenseitige Treue bis zum Tod. Dieses Gelübde entspricht den biblischen Aussagen über den Charakter der Ehe. Die Ehe ist keine zeitlich befristete Partnerschaft, sondern ein gemeinsamer Lebensweg. Den jährlichen Hochzeitstagen kommt dabei die Funktion von Wegzeichen zu. Sie helfen uns, sich an den Anfang der Ehe zu erinnern, und sind eine einmalige Chance, das gemeinsame Ja zu erneuern. Ermutigen Sie Ihre Eltern und älteren Verwandten, ihre Silberne oder Goldene Hochzeit zu feiern. Diese Tage sind für viele Menschen ein ermutigendes Zeichen der Treue Gottes.

Keine lästige Pflicht

Hochzeitstag

Lösen Sie sich von der Vorstellung, dieser Tag sei eine lästige Pflicht. Ehepaare, die ihren Hochzeitstag regelmäßig und bewusst feiern, machen vielmehr die Erfahrung, dass sich ihre Beziehung dadurch vertieft. Bei der Gestaltung dieses Tages sind der Fantasie keine Grenzen gesetzt. Ein echtes Muss ist natürlich der Blumenstrauß des Ehemannes für seine Frau. Ein Essen im Restaurant, der Besuch eines Konzertes oder die Einladung an Freunde sind traditionelle Wege, das Ehejubiläum zu begehen. Eine schöne Idee ist es auch, an jedem Hochzeitstag ein Foto von sich machen zu lassen. Im Laufe der Jahre entsteht so ein Fotoalbum, das den gemeinsamen Werdegang dokumentiert. Fügen Sie dem Album auch weitere Erinnerungsstücke bei, die Ihnen wichtig sind.

Silberne und Goldene Hochzeit

Eine besondere Stellung nehmen der 25. und 50. Hochzeitstag ein. Bei beiden Jubiläen ist es nun an den Kindern und Enkeln, diesen Tag vorzubereiten. Eine größere Feier ist bei beiden Festtagen angemessen. Silberne Hochzeitspaare, die den Rummel fürchten, flüchten auch in einen Urlaub, auf den sie sich schon lange freuen. Bei einer Goldenen Hochzeit ist es gang und gäbe, einen Dankgottesdienst zu feiern. Als Zeichen ihrer bleibenden Liebe kann sich das Jubelpaar noch einmal die Eheringe gegenseitig anstecken. Und das zu Recht, leben wir doch in einer Gesellschaft, in der ein solches Jubiläum immer seltener wird. Sind die Jubilare für eine solche Veranstaltung nicht mehr in der körperlichen Verfassung, sollte zumindest der zuständige Pastor um eine Festandacht in den eigenen vier Wänden gebeten werden. Die Verwandtschaft sollte auch fragen, ob sich das Hochzeitspaar über eine Ehrenmedaille freut, wie sie in vielen Städten für 50- und 60-jährige Ehejubiläen vergeben wird.

TOP

Feiern Sie das Fest in Ihrer alten Hochzeitskirche.

Weitere Ehe-Jubiläen

Im Laufe der Zeit haben sich diverse Hochzeitstage herauskristallisiert. Ob alle Tage unter diesem Namen gefeiert werden sollen, bleibt natürlich jedem selbst überlassen

1	Jahr:	Baumwollene Hochzeit
5	Jahre:	Hölzerne Hochzeit
6,5	Jahre:	Zinnerne Hochzeit
7	Jahre:	Kupferne Hochzeit
8	Jahre:	Blecherne Hochzeit
10	Jahre:	Rosenhochzeit
12,5	Jahre:	Petersilienhochzeit
15	Jahre:	Gläserne oder Kristallene Hochzeit
20	Jahre:	Porzellanhochzeit
25	Jahre:	Silberne Hochzeit
30	Jahre:	Perlenhochzeit
35	Jahre:	Leinwandhochzeit
37,5	Jahre:	Aluminiumhochzeit
40	Jahre:	Rubinenhochzeit
50	Jahre:	Goldene Hochzeit
60	Jahre:	Diamantene Hochzeit
65	Jahre:	Eiserne Hochzeit
67,5	Jahre:	Steinerne Hochzeit
70	Jahre:	Gnadenhochzeit
75	Jahre:	Kronjuwelenhochzeit

Lassen Sie Ihre Eltern bei den Vorbereitungen nicht alleine.

FLOP

Christliche Feste

Lob des Feierns

Immer wieder ist man erstaunt, wie stark das Alte Testament dazu auffordert, Feste zu feiern. Passahfest, Laubhüttenfest und Wochenfest sind nur einige der Zeiten, an denen Israel die Arbeit ruhen ließ, um zu feiern. Jesus Christus feierte alle diese Feste mit und nahm auch an familiären Feiern wie einer Hochzeit teil (Johannes 2). Feste unterbrechen unsere Alltagsroutine; sie helfen uns, Kraft zu schöpfen und uns neu auf Gott auszurichten. Die meisten gesetzlichen Feiertage haben heute einen christlichen Hintergrund. Bei vielen Bundesbürgern ist ihr ursprünglicher Kern jedoch in Vergessenheit geraten. Die Feste werden zu Fernsehtagen umfunktioniert und leiden oft unter einer unausgesprochenen Langeweile. Wen wundert es da noch, dass in unserer Gesellschaft immer öfter Gedanken laut werden, die Feiertage wieder zu Werktagen zu erklären?

Feste gehören zum Glauben

Sonntag

Keimzelle aller christlichen Feste ist die Feier des Sonntags. An diesem Tag feiern Christen in aller Welt die Ruhe Gottes nach der ersten Schöpfung und die Auferstehung Jesu als Beginn der zweiten Schöpfung. Sicher gehören diese zwei Elemente zu einem gelungenen Sonntag: die Entspannung („von der Arbeit ruhen") und die Begegnung mit Gott („den Feiertag heiligen"). Vielleicht können folgende Anregungen dabei helfen, dem Sonntag wieder ein wenig mehr Glanz zu verleihen:

- Länger schlafen tut gut, aber stehen Sie früh genug auf, um mit Freunden oder der Familie ein wunderbares Frühstück zu genießen. Backen Sie am vorangehenden Samstag Brot oder einen Kuchen, kaufen Sie eine leckere Marmelade, holen Sie das gute Geschirr heraus, um die Bedeutung dieses Tages zu unterstreichen.
- Besuchen Sie den Gottesdienst Ihrer Gemeinde. Tun Sie das nicht aus bloßem Pflichtgefühl, sondern als Ausdruck Ihres Glaubens. Der Sonntag ist der Tag der Auferstehung Christi, und jeder Gottesdienst feiert diese Tatsache.

- Verzichten Sie bewusst darauf, Hausarbeit zu verrichten oder Bürounterlagen durchzulesen. Verbringen Sie den Sonntag auch nicht im Stau auf der Autobahn, sondern widmen Sie sich bewusst Ihrer Familie, dem Verwandtenkreis oder Freunden.
- Planen Sie für jeden Sonntag ein besonderes Ereignis. Lassen Sie sich und andere spüren, dass dieser Tag die Krone der Woche ist.

TOP

Sensibilisieren Sie Ihre Kinder für den Inhalt christlicher Feste.

Feste des Kirchenjahrs

Nach biblischem Verständnis ist die Geschichte nicht ein endloser Kreislauf, sondern hat sowohl Anfang als auch Ziel. Der Anfang ist Gottes Liebe, die sich in der Geburt Christi am klarsten ausdrückt; und das Ziel ist die Gemeinschaft mit Gott in der Ewigkeit. So ist das Kirchenjahr ein kleiner Spiegel der göttlichen Heilsgeschichte. Das evangelische Kirchenjahr ist in verschiedene Festkreise unterteilt:

- Weihnachtsfestkreis (vier Adventssonntage, Heiligabend, erster und zweiter Weihnachtstag und Epiphanias)
- Osterfestkreis (u. a. Palmsonntag, Gründonnerstag, Karfreitag, Ostersonntag, Ostermontag, Himmelfahrt, Pfingstsonntag und Pfingstmontag)
- Trinitatiszeit (u. a. Dreieinigkeitssonntag)
- Kirchenjahrsende (u. a. Erntedankfest, Reformationstag, Buß- und Bettag und Ewigkeitssonntag)

Farben der Feste

Den meisten Festen des Kirchenjahres werden besondere Farben zugeordnet. Sie finden ihren Ausdruck u. a. in den so genannten Paramenten, den Textilien vor Altar und Kanzel. Ein schöner Brauch ist es, zu den Festen die jeweiligen Farben auch in der eigenen Wohnungsdekoration aufzugreifen.

- Weiß (Freude) zu Weihnachten, Osterfest, Himmelfahrt, Ewigkeitssonntag
- Violett (Vorbereitung und innere Einkehr) zu Adventszeit, Passionszeit, Buß- und Bettag
- Rot (Heiliger Geist und Gemeinde) zu Pfingsten, Dreieinigkeitssonntag, Reformationstag
- Grün (Wachstum) zu Epiphanias, Trinitatis, Erntedankfest

Rasen mähen, Fenster reinigen etc. passt nicht zum Sonntag.

FLOP

Tod und Trauer

Sterben und Tod

Tabuthema

Wir leben in einer Welt, in der der Tod an den Rand gedrängt wird. Fand früher das Sterben sichtbar im Kreis der Familie statt, so geschieht es heute meist verborgen im Krankenhaus oder Altenheim. Viele Menschen kennen Tote nur durch Fernsehbilder. Entsprechend unsicher reagieren wir, wenn der Tod in unserem Umfeld eintritt. Und doch: Gerade für Christen ist der Tod kein Tabuthema. Wir wissen, dass wir sowohl im Leben als auch im Sterben in Gottes Hand sind (Römer 14,8).

Abschied nehmen

Das Sterben gehört zum Leben

Wenn der Tod nicht plötzlich – etwa durch einen Unfall – eintritt, sondern sich langsam abzeichnet, gehört es zur Würde eines Sterbenden, ihn als Familie und Gemeinde zu begleiten. Überlassen Sie diese Begleitung nicht nur Ärzten und Pastoren, sondern nehmen Sie sich auch dafür die nötige Zeit. Setzen Sie sich mit den Angehörigen in Verbindung und erfragen Sie eine passende Zeit. Es ist häufig so, dass gerade für die Besucher selbst solche Begegnungen wertvolle Anstöße sind.

Die Hinterbliebenen

Viele Menschen fühlen sich hilflos, wenn Sie von einem Sterbefall hören. Sie entwickeln Berührungsängste und vermeiden den Kontakt mit den Angehörigen. Aus Angst, etwas Falsches zu äußern oder oberflächliche Floskeln zu gebrauchen, sagt man lieber gar nichts. Die Folge ist manchmal, dass die Hinterbliebenen, die ohnehin schon unter ihrer Einsamkeit leiden, noch deprimierter werden. Deshalb: Auch wenn Sie Ihre Beklommenheit deutlich spüren, ergreifen Sie die Initiative und gehen Sie auf die Angehörigen zu. Ihre Anteilnahme wird eine spürbare Hilfe sein.

Kondolenzbesuch

Eine Möglichkeit, seine Teilnahme auszudrücken, ist, den oder die Hinterbliebenen zu besuchen. Kommen Sie nicht unerwartet, sondern vereinbaren Sie vorher einen Zeitpunkt. Falls Sie nicht direkt zur Familie gehören, warten Sie mit Ihrem Besuch bis nach der Beerdigung ab. Oft drückt der Angehörige seine Trauer mit dunkler Kleidung aus. Deshalb sollten Sie nicht allzu farbig erscheinen. Ein Geschenk bei einem solchen Besuch mitzubringen ist nicht üblich. Und worüber sollte man reden? Fragen Sie freundlich, wie es dem Betroffenen geht. Sprechen Sie noch einmal über die letzten Tage des Abschiednehmens und die Beerdigung. Bei solchen Besuchen sind Schweigephasen durchaus normal und nichts Unangenehmes.

TOP

Bieten Sie den Hinterbliebenen praktische Hilfe an.

Schriftlich kondolieren

Neben dem Besuch ist ein Kondolenzbrief immer noch der angemessenste Weg, Ihr Beileid zu übermitteln. Er sollte eigentlich immer verfasst werden, unabhängig davon, ob Sie die Beerdigung besucht haben oder nicht. Was das Äußere betrifft, sollten Sie hochwertiges, weißes Papier wählen. Anstelle einen Computer zu benutzen, schreiben Sie Ihren Text unbedingt handschriftlich mit einem Füllfederhalter. E-Mail, Fax oder kariertes Papier sind ausgesprochen unpassend. Papier mit schwarzem Trauerrand ist auch nur den Traueranzeigen selbst vorbehalten. Es hat sich bewährt, in einem Kondolenzbrief zu erwähnen,

80

- wie Sie vom Tod erfahren haben
- wie Sie das Sterben aufgenommen haben
- wie Sie den Verstorbenen kennen gelernt haben
- wie Sie ihn erlebt haben
- was der Verstorbene für Sie bedeutet hat

Drücken Sie Ihr Mitgefühl aus und – wenn es angebracht ist – verbinden Sie es mit dem Hinweis auf die Hoffnung, die wir durch Christus auch im Sterben haben.

Nutzen Sie für Kondolenzbriefe keine vorgedruckten Karten.

FLOP

Kirchliche Beerdigung

Trauerbräuche

Im alten Israel waren die Trauerfeiern nicht eine unangenehme Pflicht, sondern ein wichtiges Element des Zusammenlebens. Von Josef wird erzählt, dass er eine siebentägige Trauerzeit abhielt, als sein Vater Jakob starb (1. Mose 50,10). Die Trauer gilt aber nicht nur dem Verstorbenen, sondern auch den Lebenden. Im Buch Kohelet heißt es entsprechend: „In ein Trauerhaus gehen, bringt mehr Gewinn als in ein Hochzeitshaus gehen; denn auf jeden Menschen wartet der Tod, und wer noch lebt, nehme sich das zu Herzen!" (Kohelet 7,2). Gerade Christen sollten deshalb keine Scheu haben, eine Beerdigung angemessen und würdig zu gestalten.

Trauerbräuche helfen zu trauern

Die Trauerfeier

Bemühen Sie sich, mindestens eine Viertelstunde vor Beginn der Trauerfeier auf dem Friedhof zu sein. Oft liegt in der Vorhalle der Kapelle ein Kondolenzbuch aus, in das Sie Ihren Namen eintragen können. Manchmal sind auch einzelne Angehörige anwesend, denen Sie Ihr Mitgefühl schon jetzt ausdrücken können. Nach der Trauerfeier folgt der Trauerzug in der Regel dem Sarg zum Grab. Nach der Bestattungsformel, dem Ablassen des Sarges und dem Segen haben die Gäste die Möglichkeit, am Grab Abschied vom Toten zu nehmen.

Am Grab

Nach der Grabrede des Pastors ist es meist üblich, entweder Blumen oder Erde mit einer bereitgestellten Schaufel ins Grab zu werfen. Beides wird meist mit einem kurzen Gebet verbunden. Anschließend können Sie mit einem Händedruck und ein paar Worten den Angehörigen Ihre Anteilnahme weitergeben. Wenn Ihnen aus Betroffenheit die Worte fehlen, reicht auch ein einfühlsamer Blick aus. In Einzelfällen bitten die Hinterbliebenen in der Traueranzeige von Beileidsbekundungen am Grab abzusehen. Das sollten Sie unbedingt respektieren. Hintergrund ist nicht eine kühle Distanz, sondern die häufige Sorge, die Gefühle in einer solchen Situation nicht beherrschen zu können.

Kleidung

In der Kleiderfrage gibt es heute eine große Toleranz. Schwarz tragen häufig nur noch die nächsten Anverwandten. Kinder sind davon ausgenommen. Grundsätzlich sollte man als Besucher aber darauf achten, nur dunkle oder gedeckte Farben bei der Kleidung zu wählen. Muss man mit schlechtem Wetter rechnen, nehmen Sie zu Hause einen dunkelfarbigen Schirm mit.

TOP

Männer nehmen am Grab ihre Kopfbedeckung ab.

Blumen und Kränze

Falls Sie Blumen oder Kranzgebinde schenken möchten, geben Sie die Bestellung möglichst frühzeitig bei einem Fachgeschäft auf. So können Sie sicher sein, dass die Anlieferung termingerecht erfolgt. In manchen Fällen ist es auch üblich, dass im Sinne des Verstorbenen an Stelle von Blumenspenden um einen Betrag für einen kirchlichen oder wohltätigen Zweck gebeten wird. Dem sollten Sie nachkommen und bei der Überweisung auch Ihren Namen nennen.

Beerdigungskaffee

Häufig lädt die Familie nach der Beerdigung zu einem Imbiss ein. Wenn Sie durch die Traueranzeige oder eine öffentliche Bekanntmachung während der Trauerfeier dazu eingeladen werden, sollten Sie sich diese Zeit nehmen. Das Zusammensein gibt die Möglichkeit zu Gespräch und Rückblick. Oft besteht der Raum, persönliche Erinnerungen zu formulieren. Gerade für die Hinterbliebenen ist diese Form der Gemeinschaft ein ermutigendes Zeichen der Verbundenheit.

Kinder

Manchmal haben Eltern die Sorge, dass eine Beerdigung ihre Kinder emotional überfordert. Doch Tatsache ist, dass auch sie den Verlust eines Menschen spüren und Formen der Trauer brauchen. Ermutigen Sie deshalb Ihre Kinder oder Enkelkinder zur Teilnahme. Bisweilen ist es eine Hilfe, den Kindern den Vorschlag zu machen, einen Brief an den Toten zu schreiben oder ein Bild von ihm zu zeichnen, was sie dann in das Grab legen können.

Vermeiden Sie das stereotype „Mein herzliches Beileid".

FLOP

Gottesdienste besuchen I

Das ganze Leben

Ursprünglich bezeichnet im Neuen Testament der Begriff „Gottesdienst" nicht eine isolierte Veranstaltung, sondern das ganze Leben der Christen (Römer 12,1). Heute versteht man darunter die sonntägliche Versammlung der Christen in ihren Kirchen und Gemeinden. Hier haben nun die Konfessionen ihre eigenen Kulturen und Formen entwickelt. Auch wenn wir in einer fremden Kirchen zu Gast sind, ist es ein Ausdruck der Höflichkeit, die Form nicht zu verweigern, sondern sie – so weit es uns möglich ist – nachzuvollziehen.

Vielfalt der Formen

Gottesdienst ist mehr als eine Veranstaltung

Wer einen Gottesdienst in einer römisch-katholischen Kirche besucht, wird sofort den streng liturgischen Charakter bemerken. Die so genannte „heilige Messe" besteht aus zwei Hauptelementen: dem Wortgottesdienst (Schriftlesungen mit Auslegung, Antwortgesängen und Gebet) und der Eucharistie (Gabenbereitung, Hochgebet und Kommunion). In den evangelischen Landeskirchen gibt es unterschiedliche Traditionen. Während die alte lutherische Messe noch ein wenig an das katholische Modell erinnert, steht in den reformierten Kirchen die Predigt ganz im Mittelpunkt. Landeskirchliche Gemeinschaften und evangelische Freikirchen haben normalerweise keine festgelegte Liturgie. In vielen Gemeinden folgen hier der Begrüßung – in unterschiedlicher Reihefolge – Gebete, Lieder und Predigt. In charismatischen Gemeinden gibt es auch Elemente wie das Zungengebet und die Weitergabe von Prophetien. Neben diesen konfessionell geprägten Gottesdienstkulturen bieten fast alle Kirchen heute auch Sonderformen für bestimmte Zielgruppen oder Anlässe an, wie z. B. Jugend-, Familien-, Segnungs- oder Tauf-Gottesdienste. In den vergangenen Jahren haben sich in vielen Gemeinden auch gästeorientierte Gottesdienste etabliert, die Kabarett, Tanz oder multimediale Elemente integrieren.

Unbekannte Formen

Wer kennt diese Situation nicht? Wir besuchen den Gottesdienst einer anderen Kirche und sind verunsichert, wie wir uns verhalten sollen. Eine Patentantwort wird es hier nicht geben. Sicher aber kann man sagen: Wer sich entschließt, einen Gottesdienst zu besuchen, der sollte auch teilnehmen an dem, was dort geschieht. Die Grenze wäre nur dann erreicht, wenn ich etwas tun sollte, was meinem Glaubensstil überhaupt nicht entspricht. Um es konkret zu machen: In einem katholischen Gottesdienst würde ich natürlich aufstehen und knien, wenn der Pfarrer dazu auffordert. Das Kreuzschlagen beim Eintreten kann ich aber unterlassen, wenn es mir zu fremd erscheint. Oder: Wenn in einem pietistisch geprägten Gottesdienst zum Beten in Gruppen aufgefordert wird, würde ich mich sicher dazustellen, würde aber auf das Mitbeten verzichten, wenn ich es sonst auch nicht tue.

TOP

Schalten Sie Ihr Handy vorher aus.

Benimm im Gottesdienst

Nun wäre es sicher ein Missverständnis zu meinen, in Gottesdiensten müsse man gewisse Höflichkeitsformen erst lernen, um überhaupt erscheinen zu dürfen. Das Gegenteil ist der Fall: Gottesdienst feiern bedeutet in erster Linie, dass Gott den Menschen dient, und dazu ist jeder eingeladen. Andererseits ist es auch verständlich, wenn in einem Gottesdienst die normalen Umgangsformen eingehalten werden. Dazu gehören sicher zwei Dinge:

- Pünktlichkeit. Ein afrikanischer Christ sagte einmal: „Ein Fest wird nie pünktlich begonnen." Darin liegt zweifellos eine Wahrheit. Nichtsdestotrotz wird wiederholte Unpünktlichkeit in unserem Kulturkreis durchaus als Unhöflichkeit aufgefasst. Deshalb: Im Zweifelsfall lieber eine Viertelstunde früher aufstehen.
- Aufmerksamkeit. Bestimmt gibt es Tage, an denen unsere Gedanken wegen Müdigkeit oder anderen Ereignisse abschweifen. Es macht aber schon einen seltsamen Eindruck, wenn Gottesdienstbesucher ohne Scheu im Liederbuch lesen, aus dem Fenster gucken, lauthals gähnen oder sich in eine gemütliche Schlafstellung begeben. Auch ein zwangloses Reden mit dem Nachbarn ist den anderen Besuchern gegenüber ausgesprochen unhöflich.

Kritische Kommentare und Kopfschütteln sollten Sie vermeiden.

FLOP

Gottesdienste besuchen II

Verschiedenheit ist Fülle

Die Kirchengeschichte ist ein beredtes Beispiel dafür, wie schnell aus dem jüdischen Jüngerkreis eine weltweite Gemeinschaft wurde. Je nach Heimatland entwickelten die Gemeinden und Kirchen ihre eigenen Traditionen und Verhaltensmuster. Und solange Jesus Christus das Zentrum des Glaubens bleibt, sollten wir diese Unterschiedlichkeiten unbedingt als Reichtum begreifen. Sind sie doch ein lebendiger Ausdruck der christlichen Vielfalt. Auch in unserem deutschen Sprachraum gelten – oft konfessionsübergreifend – gewisse Regeln für das Benehmen in Gottesdiensten. Sicher, auch hier gibt es keine Ordnung ohne Ausnahme. Und im Zweifelsfall versucht sich die Höflichkeit sowieso an dem zu orientieren, was vor Ort üblich ist. Manches tun wir ganz unbewusst, in anderen Fällen sind wir aber verunsichert, wie wir uns verhalten sollen.

Eine missionarische Gemeinde hat auch gute Manieren

Wie und wohin setze ich mich?

Wer früh genug den Gottesdienstraum erreicht, hat die Qual der Wahl. Ganz vorne nehmen in aller Regel nur Gottesdienstmitarbeiter oder etwaige Ehrengäste Platz. Die hintersten Reihen sollten denen vorbehalten bleiben, die zu spät kommen. Sich freiwillig in die letzte Reihe zu setzen, kann auch als Distanz zum Geschehen aufgefasst werden. Wenn die Reihen noch licht sind, vermeidet man es, sich direkt an den Zwischengang zu platzieren. Gehen Sie besser zur Mitte der Stuhlreihe und suchen dort einen Platz. Ansonsten werden sich die Späterkommenden alle an ihnen vorbeidrängen müssen. Falls erst wenige Gäste anwesend sind, dürfen Sie ohne Bedenken einen Stuhl bzw. eine Stuhllänge zwischen sich und dem Nachbarn frei lassen. Sie wollen schließlich niemandem „auf die Pelle" rücken. Ein freundliches Lächeln dürfen Sie aber beim Hinsetzen Ihrem Nächsten durchaus schenken. Sollten Sie der Unglückliche sein, der sich an den schon Sitzenden vorbeischlängeln muss, dann wenden Sie sich mit entschuldigender Miene den Leuten zu.

Wann nehme ich Platz?

Es gibt hochkirchliche und festliche Gottesdienste, bei denen die Gäste schon eine Viertelstunde vor Beginn mucksmäuschenstill auf ihren Stühlen sitzen. Bei anderen Gelegenheiten herrscht ein munteres Treiben wie auf dem Marktplatz, und der Pastor muss sich mit lautem Räuspern erst Gehör verschaffen.

Nun findet man für jedes Verhalten eine Begründung, trotzdem gilt: Spätestens drei Minuten vor dem Gottesdienststart sollte man seinen Platz gefunden haben und die Gespräche beenden. Es geht hier nicht um eine Friedhofsstille, wohl aber um das Ziel, sich und anderen Besuchern eine geistliche Konzentration zu ermöglichen.

TOP

Drücken Sie regelmäßig nach dem Gottesdienst den Beteiligten Ihren Dank aus.

Gesten und Gebärden

Im europäischen Kulturraum neigen wir dazu, deutliche Hinweise für das Aufstehen, Knien oder Sitzen im Gottesdienst zu erwarten. Das hat durchaus seinen Sinn und sollte nicht gegen eine mögliche Spontaneität in anderen Kulturen ausgespielt werden. Diese Erwartung passt zu der Einstellung, andere Gäste durch persönliche Gesten nicht zu verunsichern, abzulenken oder gar zu verärgern.

Ich werde also z. B. nicht aufstehen, um zu beten, wenn dann dem hinter mir Sitzenden die Sicht versperrt wird. Ich werde auch vorsichtig mit allen emotionalen Äußerungen umgehen, wenn dies in der jeweiligen Gemeinde ganz und gar unüblich ist. Als Mutter werde ich auch mein Kind nicht in aller Öffentlichkeit stillen, sondern mich elegant auf die Empore oder in den Hintergrund zurückziehen. Bin ich zu Gast in einem Gottesdienst, werde ich mich überhaupt mit meinen Angewohnheiten sehr zurücknehmen.

Aber auch im Gottesdienst meiner eigenen Gemeinde ist es sinnvoll, sehr darauf zu achten, dass neue Gäste sich wohl fühlen können. Missionarisches Gemeindeleben ist ohne gute Manieren auf Dauer nicht möglich.

Seien Sie weder Zappelphilipp noch Ölgötze: Bleiben Sie ganz normal sitzen.

FLOP

Gottesdienste besuchen III

Kinder im Gottesdienst

Die Gemeinde Gottes besteht aus unterschiedlichen Generationen. Nicht nur den Erwachsenen, gerade auch den Kindern gelten das Evangelium und die Liebe Gottes. Das soll aber nicht bedeuten, dass kleine Kinder oder Säuglinge durch ihren Lärm einen ganzen Gottesdienst sprengen dürfen. Es ist ausgesprochen merkwürdig, wenn Eltern ihre Sprösslinge so schalten und walten lassen, dass die Predigt im allgemeinen Tohuwabohu untergeht. Hier gibt es nur zwei Alternativen: Entweder die Eltern wirken auf ihre Kinder entsprechend ein oder sie ziehen sich mit Rücksicht auf die anderen Gottesdienstteilnehmer zurück. Genauso lieblos ist es aber von einer Gemeinde, und dies sei ausdrücklich gesagt, während des sonntäglichen Gottesdienstes kein altersentsprechendes Programm für Kinder und Teenager anzubieten. Wenn die Gemeinde aus Jung und Alt besteht, dann sollte sich das auch in der Gottesdienstgestaltung zeigen.

Nicht Störer, sondern Hörer

Wenn die Kollekte kommt

Sie möchten gerne etwas in die Kollekte spenden, haben aber nicht das passende Kleingeld dabei? Dann beweisen Sie entweder Großzügigkeit, oder Sie lassen den Klingelbeutel einfach an sich vorübergehen und geben das Geld bei späterer Gelegenheit. Ganz und gar nicht üblich ist es, den Inhalt des Klingelbeutels als Wechselgeldkasse zu nutzen. Ist es tragisch, den Klingelbeutel ohne Spende weiterzugeben? Überhaupt nicht. Die Kollekte unterliegt ja keinem Zwang und ist auch keine verkappte Eintrittskarte. Viele Christen nutzen sowieso einen Dauerauftrag zur Unterstützung ihrer Gemeinde und nehmen deshalb nicht an der Kollekte teil.

Husten, Schnupfen, Heiserkeit

Wer zweimal hustet oder niest, braucht sich nichts dabei zu denken. Wer allerdings gar nicht mehr aufhören kann, sollte den anderen Gästen zuliebe den Ausgang suchen. Überhaupt sollte man alle nasalen oder oralen Laute möglichst zähmen. Nicht ihre Lautstärke, wohl aber ihre Tonart bereiten den meisten Mitmenschen ein gewisses Unbehagen.

Widerspruch zur Predigt?

Ein mündiger Christ darf durchaus auch einmal anderer Meinung als der Prediger sein. Ob diese Kritik allerdings während des Gottesdienstes öffentlich artikuliert werden muss, ist wohl in den allermeisten Fällen mit Nein zu beantworten. Nicht Störer, sondern Hörer sollen wir sein. Ein privates Wort im Anschluss an den Gottesdienst oder zu einem späteren Zeitpunkt ist hier sicher der angemessene Weg. Es mag aber durchaus Fälle geben, wo es „um alles" geht. Dann stehen Sie ruhig auf und verlassen das Gebäude mit der Ruhe dessen, der weiß, dass es etwas Besseres gibt.

TOP

Eine eigene Bibel erhöht die Konzentration bei der Predigt.

Klatschen

„Paulus schrieb an die Apatschen: Ihr sollt nicht nach der Predigt klatschen." Dieser Reim von Robert Gernhardt ist mittlerweile zum geflügelten Wort geworden. Und das nicht zu Unrecht: Ein Applaus passt einfach nicht zu einer Predigt, soll die doch im Idealfall Gottes Anrede sein. Andererseits erscheint es auch fragwürdig, wenn jede Form des Beifalls aus den Gottesdiensten verbannt wird. Früher führte man hier als Argument ins Feld, dass es in kirchlichen Veranstaltungen niemals um die Ehre eines Menschen gehen dürfe.

Das Klatschen ist in unserer Zeit aber nicht mehr eine reine Ehrbezeichnung, sondern oft ein einfacher Ausdruck der Zustimmung oder Freude. Wenn also z. B. eine Kindergruppe ein Lied vorführt, dann haben diese Nachwuchskünstler immer einen kräftigen Applaus verdient. Alles andere wäre nicht nachvollziehbar.

Vielleicht kann man es so formulieren: Bei Momenten, wo das „spielerische Element" vorherrscht, ist ein freundlicher Applaus durchaus passend. Als Beispiele mögen viele künstlerische Darbietungen von Musik oder Theater, aber auch der Kuss nach der Trauung gelten. Sobald jedoch das „heilige Element" in den Vordergrund tritt, ist nicht der Applaus, sondern die aufmerksame Stille die treffende Antwort.

Singen Sie nicht so laut, dass jeder vor Schreck verstummt.

FLOP

Gottesdienste gestalten

Wohltuende Ordnung

„Geordnet“ sollen die Gottesdienste zugehen, schreibt Paulus der Gemeinde in Korinth (1. Korinther 14,39). Und im gleichen Zusammenhang meint er: „Gott liebt doch nicht die Unordnung, sondern er schafft Frieden“ (1. Korinther 14,33).

Nun gibt es sicher eine kalte, sterile Ordnung in Gottesdiensten, die nicht gerade das Herz des Besuchers erwärmt. Andererseits leiden auch manche Gottesdienste unter mangelnder Vorbereitung. Vieles wirkt ausgesprochen hemdsärmelig und zeugt von wenig Liebe zu Gott und den Gästen. „Ordnung“ im Sinne von Paulus will beides vermeiden. Es geht um eine ordentliche Balance der gottesdienstlichen Elemente. Deswegen kommt gerade den Mitarbeitern und Moderatoren an dieser Stelle eine besondere Bedeutung zu.

Der Gottesdienst ist eine öffentliche Veranstaltung

Kleidung ist Kommunikation

20

Wer an Gottesdiensten beteiligt ist, sollte sich vergegenwärtigen, dass er nicht nur mit seiner Stimme, sondern mit seiner ganzen Erscheinung spricht. Dazu gehört vor allen Dingen die Art und Weise, wie er sich kleidet. Es darf einfach nicht sein, dass jeder sich so anzieht, wie er sonst auch zu Hause auf dem Sofa sitzt. Der Gottesdienst ist nun einmal eine öffentliche Veranstaltung.

Das letzte Kriterium für die Kleiderwahl ist also nicht der eigene Geschmack, sondern die Frage, wie ich auf die anderen wirke. Für den sonntäglichen Gottesdienst wird die Antwort also anders ausfallen als für einen Jugend- oder Hochzeitsgottesdienst.

Ruhe verkörpern

Wer in einem Gottesdienst präsent ist, steht im hellen Licht der Beobachtung. Worte und Gesten werden von vielen Menschen gesehen und aufgenommen. Oftmals ergibt sich eine Echowirkung. Strahlt der Verantwortliche Ruhe und Freundlichkeit aus, wird ihm dieses Gefühl bald widergespiegelt. Den gegenteiligen Fall gibt es natürlich auch. Je unruhiger und unkonzentrierter ich wirke, desto unangenehmer fühlen sich die Zuhörer und Zuschauer berührt. Deshalb sollte ein Mitarbeiter alles vermeiden, was Nervosität und Unsicherheit vermittelt. Dazu zählen u. a.:

- sich mit den Händen an der Kanzel festklammern
- mit dem Ring am Finger spielen
- sich häufig an Kinn oder Kopf kratzen
- die Hände in den Hosentaschen vergraben
- an den Zuhörern vorbeisehen
- den Boden oder die Decke angucken
- auf den Beinen hin und her hüpfen
- den Oberkörper übermäßig vorbeugen
- die Füße übereinander schlagen
- ständig auf das Manuskript starren
- unablässige „Öhs" und „Ahs" in der Rede
- auf der Lippe kauen

TOP

Verstecken Sie sich nicht hinter einer Kanzel, sondern zeigen Sie sich.

Eine gewisse Portion Lampenfieber erlebt wohl jeder, der vor mehreren Menschen spricht. In gewisser Weise ist sie auch ein Schutz vor allzu großer Selbstsicherheit. Doch gilt es, die oft unbewussten Signale des Lampenfiebers zu zähmen, sonst besteht die Gefahr, damit die Zuhörer zu verunsichern.

Technische Hilfen

Viele Gottesdienste werden heute durch technische Geräte unterstützt: Mikrofone, Lautsprecher, Mischpulte, Videoprojektoren usw. Es ist eine Höflichkeit gegenüber allen Besuchern, dafür zu sorgen, dass dieses Equipment nicht erst während des Gottesdienstes sauber eingestellt wird. Quietschende Mikrofone und kreischende Lautsprecher lassen selbst die schönsten Lieder und vollmächtigsten Predigten einsam untergehen.

Tierischer Ernst passt nicht zu menschenfreundlichen Gottesdiensten.

FLOP

Gottesdienstliche Sprache

Liebe zu den Wörtern

Christlicher Glaube ist nicht von der Sprache zu trennen. „Evangelium" heißt übersetzt „gute Nachricht", und ihr Kern ist die Botschaft, dass Jesus Christus in die Welt gekommen ist, um den Menschen das Leben zu schenken (Johannes 3,16). Wenn nun die Sprache das vornehmste Medium ist, um den Glauben zu erwecken, dann sollten wir uns ihr auch mit der nötigen Sorgfalt zuwenden. Die Liebe zu Gottes Wort entspricht der Liebe zu unserer Sprache.

Vom Alltag zum Altar

Nicht reden, wie der Schnabel gewachsen ist

Jede Rolle und jeder Raum besitzt eigene Sprachmuster. Verliebte sprechen miteinander anders als flüchtige Bekannte, zu Hause reden wir anders als in der Schule oder am Arbeitsplatz. Das gilt auch für den Gottesdienst. Er ist keine Privatveranstaltung, sondern hat einen öffentlichen Charakter. Hier hat die Sprache der Straße keinen Platz. Grundsätzlich verbieten sich darum Wörter und Äußerungen, die den guten Geschmack verletzen, wie z. B. Schimpfwörter, Schreien und Fluchen. Insgesamt sollte man sich um eine gehobene Sprachebene bemühen. Wer hier ein wenig sensibel ist, wird schnell das richtige Maß finden. Also: Nicht einfach sprechen, wie einem der Schnabel gewachsen ist.

Den Zuhörer im Blick

Auch wenn die Schönheit der Sprache ein hohes Gut ist, darf sie trotzdem nicht zu Lasten der Zuhörer gehen. Denn um die Gottesdienstbesucher geht es ja, nicht um den Mitwirkenden im Gottesdienst. Eine ständige Gefahr ist die so genannte „Sprache Kanaans", also eine aus biblischen Worthülsen gesättigte Sprache, die aber nur wenige Zuhörer verstehen können. Natürlich sollen wir in den Gottesdiensten nicht auf die zentralen biblischen Begriffe wie „Gnade", „Heil" oder „Rechtfertigung" verzichten. Aber sie dürfen nicht inflationär und unkommentiert benutzt werden. Hüten Sie sich bei öffentlichen Gebeten auch vor stereotypen Floskeln wie „Gib, dass ...", „Mach doch, dass ..." oder „Lass uns ...". Solche Redewendungen sind wie Nebelkerzen, die schnell jede klare Aussage verdunkeln.

Schriftsprache und Redesprache

Der Gottesdienst ist kein Ort für die Schriftsprache. Viele Ansagen, Andachten und Predigten entstehen zu Hause am Schreibtisch. In ein Buch passen sie dann oft gut, seltener aber in eine lebendige Ansprache.

Ein wichtiges Kriterium ist Einfachheit. Bei einem Text können wir schwierige Stellen noch einmal nachlesen, bei einer Rede ist das so nicht möglich. Deshalb: Verzichten Sie aus Höflichkeit auf

- schwierige Fremdwörter (z. B. „adäquat" anstelle von „angemessen")
- unverständliche Abkürzungen (z. B. „NT" anstelle von „Neues Testament")
- theologische Fachsprache (z. B. „christologisches Prädikat" anstelle von „Aussage über Jesus Christus")
- Anglizismen (z. B. „message" anstelle von „Predigt")
- Latinismen (z. B. „confessio" anstelle von „Bekenntnis")
- allzu viele Substantive (z. B. „Der Glaube ist ein Aufnehmen der Liebe Gottes" anstelle von „Mit dem Glauben ergreifen wir Gottes Liebe.")
- Bandwurmsätze und verschachtelte Nebensätze (z. B. „Ich ermuntere Sie, unter Bezugnahme dessen, was ich vorhin gesagt habe, diesen Weg zu wagen, selbst wenn es so sein sollte, dass Sie gegebenenfalls etwas unsicher sind, wofür ich durchaus Verständnis habe" anstelle von „Ich ermutige Sie, diesen Schritt zu gehen").

TOP

Vermeiden Sie passive Formulierungen. Also nicht: „Uns kann geholfen werden durch den Glauben", sondern: „Der Glaube hilft uns".

Hüten Sie sich vor einer Häufung des „würde". Also nicht: „Ich würde vorschlagen", sondern besser: „Ich schlage vor".

FLOP

Gesprächsgruppen moderieren

Biblisches Modell

Neben dem sonntäglichen Gottesdienst vollzieht sich das geistliche Leben einer Gemeinde häufig auch in kleineren Gruppen. Viele Christen sind heute Teilnehmer von Hauskreisen, Bibelzellen oder auch Selbsthilfegruppen. Das alles ist nicht einfach ein modischer Trend, kannte doch schon die erste Gemeinde in Jerusalem den Wechsel zwischen der Feier im Tempel und dem Treffen in Häusern (Apostelgeschichte 2,46). Es ist kein Geheimnis, dass auch Gesprächsgruppen geplant und moderiert werden müssen. Manche Gruppen erheben zwar den Anspruch, dass Fragen der Gesprächsführung sich von allein ergeben müssen. Die Erfahrung zeigt aber, dass das nur in den seltensten Fällen gelingt. Deshalb: Sie unterstützen als Leiter Ihre Gruppe, wenn Sie auf einige wenige Regeln achten, die auch ein Ausdruck der Höflichkeit sind. Wenn die Regeln festgelegt sind, kann die Gesprächsführung auch von Treffen zu Treffen rotieren.

Gruppen brauchen Leitung

Der äußere Rahmen

- Gewährleisten Sie Beständigkeit. Wenn die Teilnehmer den Eindruck bekommen, dass man nie wissen kann, ob der Kreis stattfindet, wird sich dies auf Dauer negativ auswirken. Fällt der Termin tatsächlich aus oder wird der Ort verlegt, so geben Sie möglichst früh Bescheid. Gleichzeitig bitten Sie auch die Teilnehmer, eine Nachricht zu geben, falls sie nicht kommen können. Das schafft gegenseitige Verbindlichkeit.
- Kümmern Sie sich um den äußeren Rahmen. Schaffen Sie eine Sitzordnung, bei der alle Teilnehmer gut reden und zuhören können. Findet das Treffen zu Hause statt, sorgen Sie dafür, dass Ihre Gäste nicht über Zeitungen und Kinderspielzeug steigen müssen. Manchmal helfen auch kleine Aufmerksamkeiten wie Getränke oder Gebäck, um eine angenehme Atmosphäre zu fördern.
- Legen Sie die Zeitdauer des Gesprächs fest. Da viele Gesprächsgruppen abends stattfinden, sollte man die Teilnehmer nicht abschrecken, die am nächsten Tag früh aufstehen müssen. Auch wenn der Gesprächsfluss noch so gut ist: Anderthalb bis zwei Stunden sind meistens genug.

Das Gespräch an sich

- Sind die Teilnehmer miteinander nicht bekannt, laden Sie ein, sich kurz vorzustellen.
- Niemand springt gerne ins kalte Wasser. Für den Beginn einer Gesprächsgruppe lohnt es sich deshalb, mit einem „Eisbrecher" einzusteigen. Bitten Sie die Teilnehmer z. B., etwas vom zurückliegenden Tag zu erzählen, eine witzige Frage zu beantworten o.ä.
- Ermuntern Sie die Gruppe, sich persönlich zu äußern, d. h. konkret auf Wörter wie „man" oder „wir" zu verzichten und stattdessen immer in der „Ich-Form" zu sprechen.
- Stellen Sie im Gespräch möglichst „offene Fragen", also solche, auf die nicht einfach mit „Ja" oder „Nein" geantwortet werden kann, sondern die zur Begründung und Stellungnahme herausfordern. Bei den so genannten „W-Fragen" („Wer?", Was?", „Wie?", „Warum?", „Wozu?") erhält man in der Regel mehr Antworten. Und: Falls die Zusammensetzung es erlaubt, ermutigen Sie die Teilnehmer, ihre Gefühle auszudrücken.
- Achten Sie auf unvorhergesehene Probleme oder Fragen. Kleben Sie nicht an Ihrem Konzept, wenn einer der Teilnehmer mit großen Sorgen oder Schwierigkeiten kämpft. Greifen Sie sein Thema auf. Nur so bleibt Ihre Gruppe auch langfristig spannend.
- Bremsen Sie die Vielredner und ermuntern Sie mit Fragen die Schweigsamen. Das darf allerdings nicht schulmeisterlich, sondern muss ermutigend klingen.
- Seien Sie sensibel für Körpersignale. Nicht alle Teilnehmer sind so eloquent, dass sie jedes Unbehagen mit Worten ausdrücken können. Meistens senden sie aber mit ihrer Körperhaltung ein deutliches Signal. Nehmen Sie als Gruppenleiter Rücksicht darauf, indem Sie z. B. fragen „Ich habe den Eindruck, dass du dich bei diesem Gedanken unwohl fühlst. Liege ich da richtig?".

TOP

Haben Sie Mut zur Lücke. Das macht Sie menschlich.

Konzepte sind keine Handschellen. Deshalb: Aktuelle Bedürfnisse haben immer Vorrang.

FLOP

Seelsorge

Barnabas

Wer den Begriff „Seelsorge" hört, denkt schnell an ausgebildete Psychologen, die ihre Klienten auf der Couch Platz nehmen lassen. Doch diese Vorstellung ist eine ausgesprochene Verengung. Seelsorge ist im christlichen Verständnis nicht nur eine Sache von Spezialisten, sondern ein Auftrag an die ganze Gemeinde.

Die Apostelgeschichte berichtet von einem Mann namens Josef aus Zypern. Weil es ihm gelingt, die Menschen um sich herum zu ermutigen, nennen die Apostel ihn Barnabas, das heißt „der Mann, der anderen Mut macht" (Apostelgeschichte 4,36). Menschen für das Leben und den Glauben zu ermutigen – das ist das Ziel christlicher Seelsorge.

Seelsorge ist Ermutigung

Und diese Ermutigung kann in aller Regel auf drei Ebenen stattfinden:

- beim Smalltalk
- während eines Gruppengespräches oder einer Diskussion
- im seelsorgerlichen Gespräch

Zwischen Tür und Angel

38

Unterschätzen Sie nicht die alltäglichen Situationen, die sich bieten, um anderen Menschen Mut zu machen, z. B. am Telefon, beim Smalltalk auf dem Flur oder während man gemeinsam auf den Bus wartet. Je vertrauter Sie mit dem anderen sind, desto eher ergeben sich solche Gelegenheiten.

Zu den einfachsten Mittel zählt nach wie vor das schlichte Gespräch über die Problematik selbst. Die Erfahrung zeigt, dass es oft gar nicht nötig ist, eine Lösung anzubieten, das Bereden stellt schon einen Lösungsweg an sich dar. „Geteiltes Leid ist halbes Leid", so drückt es der Volksmund aus.

In der Gruppe

Im Idealfall besitzen jeder Hauskreis und jede Bibelgruppe eine ermutigende und damit seelsorgerliche Dimension. Es ist ein Zeichen der Höflichkeit, die Gesprächsteilnehmer niemals zu drängen, sondern ihnen immer Brücken zu bauen, damit sie ihre Probleme freiwillig äußern können. Dies geschieht vorzugsweise durch offene Fragen. Unbedingt zu vermeiden sind:

- allzu schnelle Antworten („Das Beste, was du tun kannst …")
- das Problem verniedlichen („Das ist doch nicht so schlimm.")
- das Problem verschlimmern („Das ist ja entsetzlich!")
- allzu häufig von sich selbst reden („Das kenne ich.")

TOP

Ermutigen Sie jeden Tag mindestens drei Menschen.

Seelsorgerliche Begleitung

Um einen Menschen kontinuierlich in der Seelsorge zu begleiten, sind geistliche Begabung, psychologische Grundkenntnisse und Erfahrung notwendig. Neben der fachlichen Qualifikation gibt es auch einige Grundregeln für den Seelsorger gegenüber dem Ratsuchenden, die unbedingt zu beachten sind:

- Abhängigkeiten vermeiden: Abhängigkeiten können z. B. durch Geldgeschenke oder erotische Avancen seitens des Ratsuchenden entstehen. Um keine Missverständnisse zu provozieren, sollte eine Ablehnung nachvollziehbar begründet werden.
- Schweigepflicht: Der Seelsorger ist gehalten, niemals etwas von den Gesprächen schriftlich oder mündlich weiterzugeben. Dies gilt auch für Predigten, Zeugnisse oder Bücher. Eine Ausnahme ist lediglich das ausdrückliche Einverständnis des Ratsuchenden.
- Achtung der Person: Der Seelsorger muss darauf achten, niemals eine Art „Guru" für sein Gegenüber zu werden. Entscheidungen des anderen dürfen nur in ausgesprochenen Sonderfällen, in denen Leib und Leben gefährdet sind, übernommen werden.

Kritische Blicke können töten.

FLOP

Ehrenamtliche Mitarbeiter

Größter Schatz

In Zeiten immer knapper werdender Mittel wird es auch dem letzten Christen klar: Die Kirchen können ohne ihre ehrenamtlichen Mitarbeiter nicht überleben. Angestellte Diakone, Prediger und Pastoren sind sicher immer notwendig, aber ohne die freien Mitarbeiter kann keine Gemeinde auf Dauer ihr Potenzial voll entwickeln. Und dieses Engagement verdient auch eine besondere Würdigung. „Ihr alle seid zusammen der Leib von Christus", schreibt Paulus, „und als Einzelne seid ihr Teile an diesem Leib" (1. Korinther 12, 27).

Neigungen und Begabungen achten

Dem Ehrenamt gebührt die größte Ehre

Eine wichtige Form der Wertschätzung ist sicher die Frage, ob für den jeweiligen Mitarbeiter eine Aufgabe vorhanden ist, die auch seinem persönlichen Profil entspricht. Die Unmusikalische wird sich langfristig im Chor nicht wohl fühlen, und der Beziehungsorientierte wird in der Verwaltung keine Erfüllung finden. Deshalb sollte sich eine Gemeinde nicht nur an vorhandenen Aufgaben orientieren, sondern auch nach den Begabungen fragen, die bei den Mitarbeitern vorhanden sind.

Informationen weitergeben

Wo Geld und Gehälter nicht die ausschlaggebende Rolle spielen, ist der Zugang zu Informationen umso wichtiger. Deshalb: Hüten Sie Neuigkeiten nicht wie ein Schweizer Bankfach, sondern versuchen Sie, möglichst viele Mitarbeiter in die Kommunikation mit einzubeziehen.

Offene Türen

Es ist nicht notwendig, dass die Türen einer Kirche aus Glas sind, aber es sollte deutlich sein, dass jedermann jederzeit mit seinen Anliegen und Ideen die leitenden Mitarbeiter sprechen kann. Wünsche und Erfahrungen dürfen niemals als lästig empfunden werden. Sie sind vielmehr ein wichtiger Bestandteil des Zusammenlebens.

Ehrliches Feedback

Wo keine Rückmeldung geschieht, entstehen schnell Missverständnisse und Vorbehalte. Schließlich möchte jeder wissen, ob er seine Aufgaben gut macht und wo Verbesserungsbedarf besteht. Überlassen Sie deshalb solche Gespräche nicht dem Zufall. Schaffen Sie in Ihrer Gemeinde vielmehr eine Struktur, durch die in regelmäßigen Abständen Feedbacks gegeben werden können. Solche Gespräche sollten u.a.

- freundlich und taktvoll sein („Ich freue mich über deinen Einsatz.")
- konkret sein („Mir gefällt besonders, wie du ...")
- persönlich sein („Ich habe den Eindruck, du bist noch etwas unsicher ...")

Bitten Sie den Mitarbeiter, seine eigenen Eindrücke und Erfahrungen zu formulieren.

TOP

Mitarbeiter wollen nicht bei jeder Gelegenheit gefragt werden, aber immer gefragt sein.

Qualifizierung ermöglichen

Geizen Sie niemals mit Schulungen und Fortbildungen. Jede Investition an dieser Stelle ist eine Investition in die Zukunft. Die Teilnahme an solchen Bildungsmaßnahmen ist nicht nur eine Form der Anerkennung, sondern auch die Gewähr, dass die Mitarbeiter in ihren Möglichkeiten gefördert werden.

Schaffen Sie Gemeinschaft

Die meisten Mitarbeiter steigern ihr Engagement, wenn sie sich als Teil einer starken Gemeinschaft fühlen. Sie begünstigen ein gesundes Wir-Gefühl z. B. durch

- regelmäßige Mitarbeitertreffen
- gemeinsame Essen
- Gebetszeiten füreinander
- attraktive Freizeitaktivitäten
- Feste für abgeschlossene, erfolgreiche Projekte
- Gratulationen zu Geburtstagen oder Dienstjubiläen

Vergessen Sie nicht die Namen und Geburtstage Ihrer Mitarbeiter.

FLOP

Pastoren und Pfarrer

Ehrenamt und Hauptamt

Jede lebendige Gemeinde lebt von Menschen, die sich freiwillig engagieren. Der Begriff „Ehrenamt" drückt ein christliches Prinzip aus: Alle Christen, die sich neben Haushalt oder Beruf im kirchlichen Leben engagieren, verdienen einen großen Respekt. Die traditionelle Unterscheidung zwischen ehrenamtlichen „Laien" und vollzeitlich beschäftigtem „Klerus" ist kein biblischer Gedanke. Und doch haben die allermeisten Gemeinden auch vollzeitliche Mitarbeiter. Je nach Kirche und Landschaft heißen sie Pastoren, Prediger oder Pfarrer. Dann gibt es natürlich auch noch Diakone, Pastoralreferenten und andere Angestellte des kirchlichen Lebens.

Pastoren sind auch nur Menschen

Für den Umgang mit ihnen gilt die Anweisung von Paulus: „Wir bitten euch: Erkennt die an, die sich für euch abmühen und in der Gemeinde des Herrn Verantwortung übernehmen, um euch den rechten Weg zu zeigen. Liebt sie wegen des Dienstes, den sie an euch tun, und begegnet ihnen mit größter Achtung" (1. Thessalonicher 5, 12–13).

Normale Menschen

Prägend für das Pfarrerbild der Nachkriegszeit sind Spielfilme wie „Don Camillo und Peppone" und die Heinz-Rühmann-Verfilmungen der Pater-Brown-Kriminalgeschichten. Hier neigt sich das Kirchenvolk noch tief vor ihren Hirten und begrüßt sie mit „Ehrwürden". Das erscheint uns heute nicht wehr als angemessen – zu Recht. Pastoren und Pfarrer sind auch nur Menschen. Und es tut ihnen gut, wenn sie nicht nur in ihrer Rolle als „Amtsperson" wahrgenommen werden, sondern als Menschen aus Fleisch und Blut. Deshalb: Suchen Sie Gelegenheiten, in denen Sie oder die Gemeinde Ihren Pastor „ohne Talar" oder „dunklen Anzug" erleben können. Reden Sie mit ihm nicht nur über „Amtshandlungen", sondern planen Sie als Gemeinde gemeinsame Erlebnisse mit Freizeit- oder Kulturcharakter ein.

Abschalten können

Ähnlich wie im Beruf des Arztes zeichnet sich der Pastorendienst durch eine fehlende Grenze zwischen Arbeitszeit und Freizeit, Privatleben und Öffentlichkeit aus. Der Pastor wird, auch in seiner Freizeit, auf der Straße immer als Pastor angesprochen werden. Selbst in seinem Urlaub kann es geschehen, dass sich Leute mit ihren Problemen ihm gerne anvertrauen. Manchen Pastoren gelingt es trotzdem abzuschalten, anderen leider weniger. Darum malträtieren Sie Ihren Pastor im Normalfall nicht zu allen Tages- und Nachtzeiten mit Telefonanrufen. Gönnen Sie ihm den freien Montag oder eine ruhige Woche. Sie werden es später an seinen besseren Predigten bestimmt merken.

TOP

Erzählen Sie Ihrem Pastor nicht nur die schweren, sondern auch die schönen Dinge.

Vorsichtig mit Kritik

In einem fünf- bis siebenjährigen Studium werden Theologiestudenten auf ihren Dienst der Predigt und Seelsorge vorbereitet. Im wirklichen Leben stellen sie dann aber fest, dass es um wesentlich mehr geht: Sie sind ebenso Manager, Organisatoren, Therapeuten, Moderatoren, Animateure und vieles mehr. Da kann es schnell passieren, dass sich der eine oder andere nicht angemessen behandelt fühlt. Seien Sie deshalb mit lauter Kritik zurückhaltend. Das übernehmen andere sowieso. Versuchen Sie lieber, an Lösungswegen zu arbeiten, statt nur Defizite aufzuzeigen.

Pfarrers Kinder, Müllers Vieh ...

... geraten selten oder nie", heißt ein alter Reim. Hintergrund ist wohl die Erfahrung, dass durch die häufige Abwesenheit des Pastors die eigene Familie leidet. Hinzu kommen in manchen Fällen häufige Umzüge. Das ständige Einfinden in neue Schulklassen ist für sensible Kinder eben doch nicht einfach. „Der Vater wird versetzt, die Kinder leider nicht", so hat es jemand einmal bitter ausgedrückt. Darum: Helfen Sie, dieses drohende Schicksal abzuwenden. Nicht durch übertriebene Aufmerksamkeit den Kindern gegenüber, sondern durch eine gesunde Integration der Pastorenfamilie in die Gemeinde.

Degradieren Sie Ihren Pastor nicht zum Zeremonienmeister.

FLOP

Andere Kirchen und Konfessionen

Das Gebet um Einheit

Die Einheit der Christen ist in der Bibel ein hohes Gut. Im hohepriesterlichen Gebet (Johannes 17) widmet sich Jesus Christus diesem Ziel ausführlich. Er sagt: „Ich bete darum, dass sie alles eins seien, so wie du in mir bist, Vater, und ich in dir" (Johannes 17,21).

Nun wäre es naiv zu meinen, mit einer Portion guten Willens würde sich diese Einheit auch in unserer kirchlichen Landschaft schon einstellen. Die ökumenische Geschichte zeigt, wie tief die dogmatischen Gräben zwischen den Kirchen auch heute noch sind. Wie gehen also die verschiedenen Kirchen und Gemeinden miteinander um? Auch hier, so denke ich, führt kein Weg an der christlich verstandenen Ehrerbietung vorbei.

Christen verbindet mehr, als sie trennt

Keine Konkurrenz

Für Gemeinden ist es wichtig, sich vor Augen zu halten, dass das Reich Gottes immer größer ist als die eigene Kirche und Denomination. In der Begegnung mit anderen Kirchen ist manchmal die Angst um die eigene Identität spürbar. Es hilft, diese Sorgen zu benennen und sich gegenseitig klar zu machen, dass man auch viel voneinander lernen kann. Bei aller Unterschiedlichkeit schließt die geistliche Höflichkeit grundsätzlich aus, schlecht über andere Christen zu reden.

Gegenseitige Information

Es sollte normal sein, den anderen Kirchen und Gemeinden die eigenen Gemeindebriefe und Veranstaltungshinweise zukommen zu lassen. Und wenn wir selbst Einladungen der kirchlichen Nachbarn erhalten, sollte es eine Ehrensache sein, diese in der eigenen Gemeinde weiterzugeben.

Einladen und einladen lassen

Anlässe, um die Kirchen in der Nachbarschaft einzuladen, gibt es viele: Pastoreneinführung, Dienstjubiläen, Einweihungen usw. Hinzu kommen mögliche Bibelwochen im Rahmen der Ökumene oder der Evangelischen Allianz (z. B. Gebetswoche Anfang Januar jeden Jahres). Viele Gemeinden machen positive Erfahrungen mit dem so genannten „Kanzeltausch“, bei dem die Pastoren in regelmäßigen Abständen in den anderen Gottesdiensten predigen. Wenn ein offizieller Vertreter der Nachbargemeinde zu Besuch ist, gehört es zum guten Ton, ihn angemessen und freundlich zu begrüßen. Ist nach der Veranstaltung noch Zeit vorhanden, lädt man ihn zu einem Imbiss ein oder zeigt ihm das eigene Gebäude.

TOP

Höflichkeit endet nicht an den eigenen Kirchengrenzen.

Kleine und große Kirchen

Große Gemeinden sollten darauf achten, dass kleinere Nachbarn nicht den Eindruck erhalten, an den Rand gedrückt zu werden. So können z. B. ganz bewusst gemeinsame Treffen auch in den Gebäuden der kleineren Kirchen stattfinden. Bei gemeinsamen Veranstaltungen sollten kleinere Gemeinden immer mit ihren Möglichkeiten eingebunden werden. Auch in einer etwaigen Gremienarbeit müssen sie gebührend berücksichtigt werden. Gemeinden mit geringerer Mitgliederzahl dürfen wiederum ihre Größe nicht als Vorwand nutzen, um sich in den Schmollwinkel zurückzuziehen. Die Größe des anderen sollte kein Grund zur kritischen Distanz sein, sondern zu Mitfreude führen.

Persönliche Beziehungen

Mitglieder einer Gemeinde sollten sich nicht scheuen, über kirchliche Grenzen hinweg Freundschaften zu pflegen. Solche Freundschaften können zu Brücken über die konfessionellen Gräben werden. Kirchen und Gemeinden sollten dafür offen sein, dass in regelmäßigen Abständen informelle Treffen zwischen den Pastoren stattfinden.

Desinteresse ist auch eine Form von Unhöflichkeit.

FLOP

Die zwölf wichtigsten Knigge-Regeln

1.

Höflichkeit ist zuerst Haltung, dann Handlung. Höflich sind wir nur, wenn die anderen es auch so empfinden. Arroganz hat mit christlicher Höflichkeit nichts zu tun.

2.

Geistliches Fingerspitzengefühl fragt nach den zwei „R“: der „Rolle“ („Wer bin ich für den anderen?“) und dem „Rahmen“ („Wo findet die Begegnung statt?“).

3.

Der Körper spricht eine eigene Sprache. Zu Körpersprache zählen: Haltung, Nähe, Blickkontakt, Stimme und natürlich Kleidung. Achten Sie auf die unsichtbaren Distanzzonen und rücken Sie niemandem zu sehr auf die „Pelle“.

4.

Gerade sitzen, ordentlich stehen und aufstehen, wenn jemand eintritt: Das sind kleine Regeln, die viel bewirken.

5.

Kleidung ist Kommunikation. Wer nur nach seinem Geschmack fragt, ist wenig höflich. Die passende Kleidung orientiert sich an zwei Gesichtspunkten: „Was passt zu mir?“ und „Was passt zu dem jeweiligen Ort?“. Letzteres gilt insbesondere für öffentliche Momente.

6.

Achten Sie auf die unsichtbare „Reihenfolge“, nach der die Höflichkeit funktioniert. So lässt z. B. der Jüngere dem Älteren den Vortritt, der Mann der Frau, der Mitarbeiter dem Vorgesetzten, der Gesunde dem Kranken, der Gastgeber dem Gast, der Heimische dem Fremden und der Stärkere dem Hilfsbedürftigen.

7.

Ein freundliches Lächeln, ein höflicher Gruß, eine angebotene Hand – das sind Brücken zu den Menschen. Es ist üblich, dass derjenige zuerst grüßt, der den anderen als Erster wahrnimmt. Treffen zwei Personen gleichzeitig zusammen, grüßt zuerst der Jüngere den Älteren bzw. der Mann die Frau.

8.

In Deutschland gilt das unvereinbarte „Du“ nach wie vor als unhöflich, auch im kirchlichen Raum. Ein „Du“ sollte immer freiwillig und niemals unter Druck entstehen. In einer Gemeinde sollten deshalb gerade die Älteren und leitenden Mitarbeitern mutig vorangehen und den Jüngeren das „Du“ anbieten.

9.

Kommen Sie mit den Menschen ins Gespräch. Fragen Sie nach, erkundigen Sie sich, hören Sie zu. Überfordern Sie den anderen nicht mit schweren Themen, sondern spielen Sie Pingpong: Ein Thema gibt das andere. Diese Gespräche sind wie Mineralien, die die Beziehungen wachsen lassen und neue Begegnungen eröffnen.

10.

Der biblische Begriff für Höflichkeit ist die „Ehrerbietung“. Nicht ein „Poltergeist“, sondern die Taube ist das Symbol für die erneuernde Kraft Gottes.

11.

Gemeinden und Kirchen sind keine Räume, wo die letzten Schranken fallen. Im Gegenteil: Hier ist der Platz, an dem Höflichkeit und Herzlichkeit organisch wachsen können.

12.

Lassen Sie sich von schlechten Manieren nicht irritieren. Als einfache Orientierung dient die „Goldene Lebensregel“ von Jesus: „Behandelt die Menschen so, wie ihr selbst von ihnen behandelt werden wollt“ (Matthäus 7,12).

Sachregister

Sachregister